文晓萍育儿宝典

和孩子一起玩

0～1岁动作篇

文晓萍 著

中国医药科技出版社

U0741765

内 容 提 要

　　《和孩子一起玩》这套丛书是以一周岁为一个单位，把孩子早期教育的知识溶入在每个游戏中。整套书分为动作篇、语言和认知篇、个人和社会行为篇，涉及到孩子的大动作、精细动作、语言能力、认知能力、社会交往能力、生活自理能力等各种能力的发展，涵盖了孩子智力和情商的培养、潜力的开发及良好生活习惯的养成。本书根据孩子动作发展的关键期，设置了简单、可行的亲子游戏。如果你按书中的指导，经常和孩子玩这些亲子游戏，孩子的运动能力就能得到最大程度的发展，潜力得以开发。

图书在版编目（CIP）数据

　　和孩子一起玩.0~1岁动作篇/文晓萍著.—北京：中国医药科技出版社，2017.3

　　（文晓萍育儿宝典）

　　ISBN 978-7-5067-8913-4

　　Ⅰ.①和…　Ⅱ.①文…　Ⅲ.①游戏课-学前教育-教学参考资料　Ⅳ.①G613.7

　　中国版本图书馆CIP数据核字（2016）第306444号

美术编辑　陈君杞
版式设计　麦和文化

出版　中国医药科技出版社
地址　北京市海淀区文慧园北路甲 22 号
邮编　100082
电话　发行：010-62227427　邮购：010-62236938
网址　www.cmstp.com
规格　787×1092mm $\frac{1}{16}$
印张　12 $\frac{3}{4}$
字数　154 千字
版次　2017 年 3 月第 1 版
印次　2017 年 3 月第 1 次印刷
印刷　北京瑞禾彩色印刷有限公司
经销　全国各地新华书店
书号　ISBN 978-7-5067-8913-4
定价　**39.00 元**

版权所有　盗版必究
举报电话：010-62228771
本社图书如存在印装质量问题请与本社联系调换

前言

爱孩子，就和孩子一起玩；陪伴孩子的时间长度，就是你对孩子爱的深度；给孩子快乐的童年是父母的责任。

《和孩子一起玩》就是告诉家长如何陪孩子玩，让父母能享受到幸福的育儿生活，让孩子能健康、快乐地成长。

在0～1岁年龄段我们分为动作篇、语言和认知篇、个人和社会行为篇。指导父母在陪孩子玩游戏的过程中，让孩子的大动作、精细动作、语言能力、认知能力、社会交往能力、生活自理能力等各方面都能得到良好发展，孩子的潜力得到充分地开发，情商得到培养，并养成良好的生活习惯。

本套丛书的每个游戏后都设有"发育时时评"。选择了本套丛书，父母能全面地掌握孩子的发育状况，并能抓住孩子的每一个闪光点，使之更加灿烂；也能随时发现孩子的微小不足，及时纠正。使家长在育儿中有了更多的喜悦、惊奇和成就，少了焦虑、不安和痛苦。

　　本套丛书为每个游戏配有彩色照片，它是孩子真实生活的写照。选择了本丛书，你就会知道这些游戏孩子能不能做、什么时候可做、该如何去做，让育儿变得更容易、自如而自信。

　　本套丛书还分别给出了每个月的世界卫生组织儿童身高、体重、体质指数的评价指标。选择了本丛书，父母能及时监测孩子身高水平和营养状态，不再为孩子的体格发育是否正常而担忧。

　　本套丛书还给你预留了"育儿随心记"，让你能记录育儿中的幸福与快乐、辛酸与苦辣。选择了本丛书，父母就能把孩子的每一个进步、每一次成长记录下来，为你和孩子留下最珍贵的记忆。选择了本套丛书，你快乐育儿的旅程就已经开启！

编　者

2015 年 8 月

本书主要是通过亲子游戏有效地促进 0 ～ 1 岁孩子大动作和精细动作发育。0 ～ 1 岁孩子的大动作主要包括孩子抬头、翻身、坐、爬、站、行等大动作的发育，以及身体的协调性和平衡能力发展；精细动作主要包括对指、抓握等手指的精细操作能力的发育，以及眼 – 手协调能力和双手协调性的发展。

本书根据 0 ～ 1 岁孩子各项动作发展的关键期，设置了简单、可行的亲子运动游戏。如果你按书中的指导，经常和孩子玩这些亲子游戏，孩子的运动能力就能得到最大程度的发展，潜力得以开发。

运动中还能让孩子体验到兴奋、激动、愉悦等更多的积极情绪和情感；在运动中培养孩子自信、自制、坚强、勇敢、吃苦等良好的个性品质；让孩子养成运动的习惯；从而让孩子拥有健康的体魄、良好的心态和行为习惯。

随着孩子运动能力的提高，有更多的机会去探索和认识周围的环境，认知能力会得到更好的发展，智商得以提高；也让孩子有机会去结识更多的朋友，获得更多的社会交往的知识和技能，情商得以提高。

因此，这本书值得你选择！

编　者

2016 年 11 月

目录 | CONTENTS

第1个月

（1 ~ 30天）

孩子能做什么

- 🌸 仰卧时，会伸臂和踢腿玩耍，两只手能放在胸前。
- 🌸 俯卧时，能抬起额头，左右转头，双腿爬动。
- 🌸 竖抱靠肩时，能主动调整姿势，间歇地抬头。
- 🌸 将玩具放入孩子手心，会抓紧，然后可再放松。

父母能做什么

- 🌸 密切观察孩子生理反射行为发生和持续时间，发现异常立刻就医。
- 🌸 不要束缚孩子的手和腿，让他自由活动，并经常抚触。
- 🌸 把玩具放入孩子的手中，让孩子感受物体的刺激，练习手的展开和合拢。
- 🌸 孩子睡醒后，抱起他走一走、看一看，练习颈部肌肉，促进头部稳定和平衡。
- 🌸 让孩子练习俯卧抬头和踏步游戏，为爬行和行走做准备。

生理反射

1. 拥抱反射　了解孩子的发育状况及对声音的反应

方法

让孩子仰卧，一手托住孩子背部，另一手托着枕部抬高，托起枕部的手突然下移 15 厘米（不放手），观察孩子是否出现拥抱反射。

3 个月前的孩子会出现拥抱动作，表现为双上肢外展并伸直，手指张开，然后再屈曲回缩，成拥抱状态。有的孩子还会哭闹，像是在进行自我保护，又像是在呼救的样子。

4~6 个月的孩子出现伸展动作，表现为双上肢外展，没有上肢屈曲回缩动作。孩子会有不高兴的表现。

爱心提示

"拥抱反射"是孩子的一种防御反应，亦称惊跳反射。当有人突然走到孩子身旁，或发出较大的响声时，孩子会出现拥抱反射。

如果突然出现较大响声孩子没有出现"拥抱反射"，要留意孩子的听力是否有问题，最好尽早做听力诊断。

肌力低下、严重智力低下的孩子一般难引出拥抱反射；低钙、佝偻病、早产、核黄疸、脑瘫的孩子拥抱反射比较强烈，持续时间比较长；偏瘫的孩子两侧反射不对称。

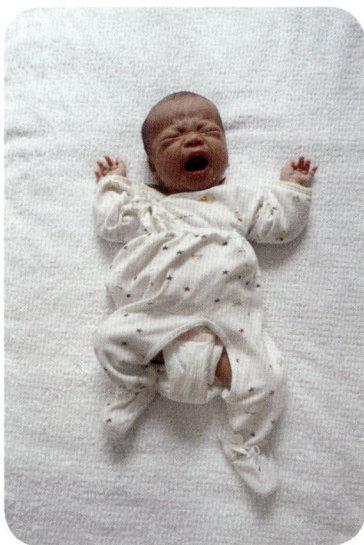

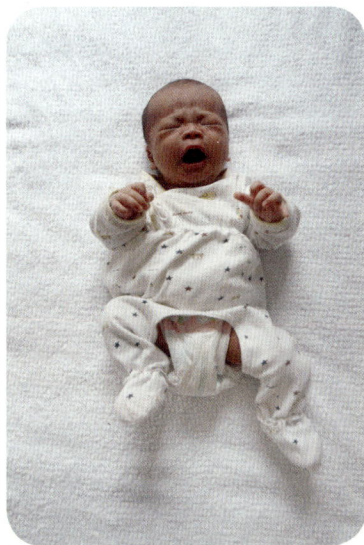

壮壮 28 天，听到较大的声音出现拥抱反射，双上肢先外展再内收。

发育时时评　记录孩子点点滴滴的进步

✳ 拥抱反射

◆ 发育评价

○缺失　警惕神经系统和听力异常，及时求医，早期干预。

○可引出　出现时间：出生_____（天）　　持续时间：_____（天）

◆ 判断标准

○ 4 个月后仍可引出　警惕神经系统异常，及时求医，早期干预。

○ 7 个月后仍可引出　警惕存在脑损伤，尽早求医确诊和治疗。

○对称性　一侧上肢缺失，及早求医，排除手臂神经和肌肉损伤。

2. 手抓握反射　了解发育状况及自我保护本能

用手指或笔杆及其他物品从孩子的小手指侧插入，触及孩子的手心，孩子立即紧紧地抓住手指或笔杆不放，称为"抓握反射"或"握持反射"。孩子抓握反射的力量很大，提一提被孩子抓握的手指或笔杆，足以把孩子整个身体悬挂起来。

爱心提示

"抓握反射"是一种先天性的、自我保护的本能反射。"抓握反射"的存在，也说明孩子的触觉器官已经发育好，能感受到外界的刺激，并能够做出反应。

此反射存在时期为 0 ~ 4 个月，一般在出生后第 5 周达到最强的程度，3 个月左右，孩子逐渐能控制手的动作，抓握反射就会消失，被无意识的抓握动作取代。

肌力低下儿不容易引出此反射，脑瘫儿此反射会持续存在，偏瘫儿可两侧不对称，也可一侧持续存在。

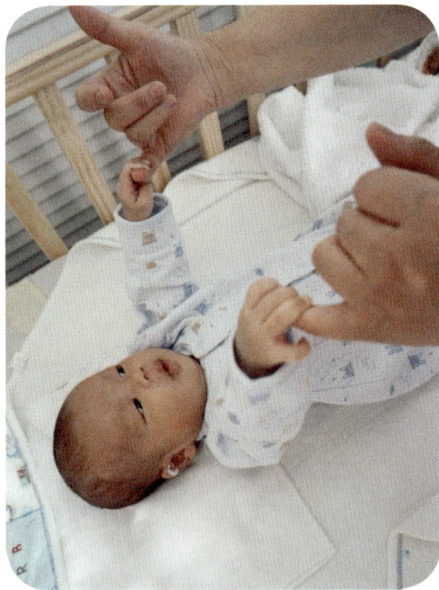

壮壮 32 天，抓住姥姥的手指，能把自己吊起来。

育儿随心记

记录父母时时刻刻的感受

发育时时评　记录孩子点点滴滴的进步

手抓握反射

◆ 发育评价

○缺失　警惕发育异常，最好求医，寻找原因。

○可引出　出现时间：出生______（天）　持续时间：出生______（天）

◆ 判断标准

○ 3 个月仍紧握拳头不能松开　多加练习，防止发育落后。

○ 5 个月仍紧握拳头不能松开　及时求医，排除脑损伤。

○对称性　一侧上肢缺失或持续存在，及早求医，排除手臂神经和肌肉损伤。

3. 足抓握反射　了解发育状况及自我保护本能

在孩子清醒、处于安静状态时，让孩子仰卧，头位于中间位置，双下肢呈对称半屈曲位。用拇指按压孩子足底的第一个趾间处，孩子的 5 个脚趾像要将物体抓住一样会弯曲，称为"足抓握反射"。

爱心提示

"足抓握反射"与"手抓握反射"一样是孩子自我保护的本能反射。此反射 1 ~ 4 个月反应显著，以后逐渐降低。1 岁左右随着脚底对体重的支撑而消失。足抓握反射缺乏或早期减弱预示着发育异常，要引起注意。

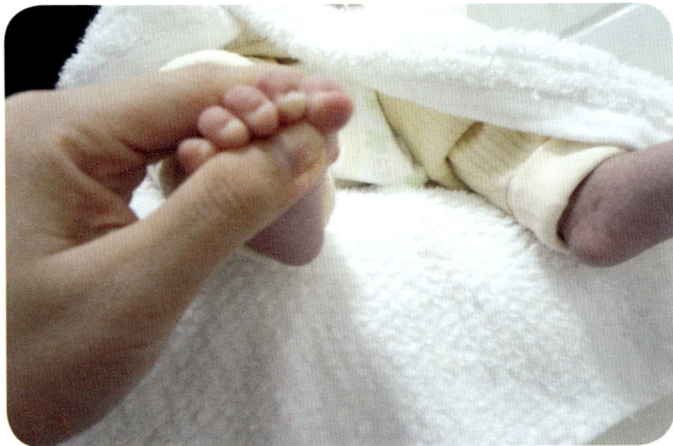

按压第一趾间，足趾呈抓握状。

育儿随心记
记录父母时时刻刻的感受

照片

发育时时评　记录孩子点点滴滴的进步

★ 足抓握反射

◆ 发育评价

○缺失　警惕发育异常，及时求医，早期干预。

○可引出　出现时间：出生_____（天）　　持续时间：出生_____（天）

◆ 判断标准

○1～4个月内反射减弱　预示着神经系统的异常，及时求医，早期干预。

4. 踏步反射　检查神经反射功能是否正常，练习踏步动作

让孩子光着脚，趴在地板上或桌子上，你双手放在孩子的腋下托起他面朝前站立，头部靠在你的胸前，两手大拇指扶住孩子的头部防止后仰。再轻缓地向前移动孩子，孩子能自发性地产生几个一连串左右交换的"迈步"动作，这就是"踏步反射"。

爱心提示

"踏步反射"是因为脚掌和脚背接收到刺激，刺激经由神经传导至脊髓，引发反射，使髋与膝关节弯曲，产生踏步反射。

"踏步反射"存在期为0～3个月，3个月后孩子站立时不再出现连续的"踏步反射"。

让孩子经常练习"踏步"，可增强孩子腿部的力量，促进神经系统发育，把"踏步"反射转变为有意识的踏步动作。

需注意，正常足月儿会用整个脚或脚跟着床"踏步"。早产儿往往是脚尖着床。

如果孩子站立时以足尖着地，而足跟悬空，形如马蹄，称为"马蹄足""垂足""尖足"，可能是脑发育不全的表现，常见于新生儿缺氧缺血性脑病、宫内发育异常、脑瘫等高危儿，需尽早到小儿神经内科检查、诊断及早期干预。

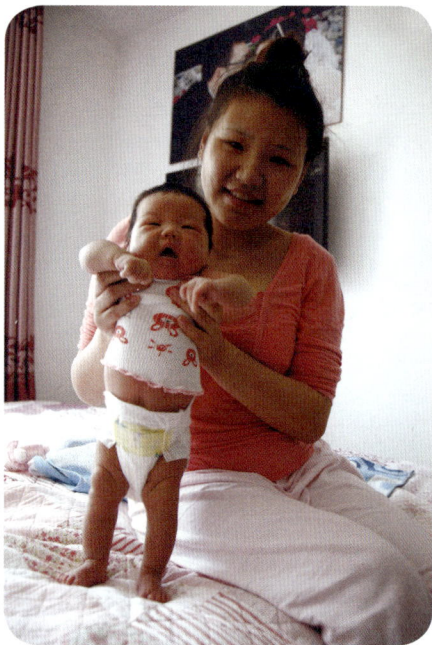

诗潼18天，妈妈扶着她站立，她能反射性地踏步。

育儿随心记
记录父母时时刻刻的感受

发育时时评 记录孩子点点滴滴的进步

✽ **踏步反射**

◆ 发育评价

○缺失 警惕发育异常，最好求医，寻找原因。

○可引出 出现时间：出生_____（天） 持续时间：出生_____（天）

◆ 判断标准

○4个月后仍可引出 警惕神经系统异常，及时求医，早期干预。

○对称性 双腿踏步运动不对称，及早求医，排除一侧下肢损伤。

怎么和孩子玩

1. 伸臂踢腿玩耍 练习对肢体动作的控制

方法

将一个铃铛戴在孩子的手腕上，拿起孩子的手臂轻轻地摇晃，使铃铛发出声音，每天重复几次。让孩子学会有目的地活动手臂让铃铛发出声音。双手、双足交替进行。

爱心提示

也可同时给孩子戴上手、足铃，让孩子玩得更有兴趣。开始时孩子会全身滚动使铃铛发声，以后孩子会试着活动戴有铃铛的手足，学会有目的地活动手足让铃铛发出声音。

壮壮 32 天，正挥动手臂玩耍。

随时检查铃铛是否牢固，防止铃铛掉下，被孩子误食。睡觉时将铃铛取下，放在床外，以免铃铛伤着孩子。同时要观察孩子双腿的活动情况，如果 1 ~ 2 个月的孩子仰卧位时双下肢僵直，或活动不对称，最好到医院求医，排除脑瘫及其他神经系统异常。

育儿随心记　记录父母时时刻刻的感受

发育时时评　记录孩子点点滴滴的进步

✱ 会伸手、踢腿玩耍

◆ 发育评价

　　○**通过**　出生日龄_____（天）　　　　○**未通过**

◆ 判断标准

通过日龄	温馨提示
9 天内	很棒！继续保持。
24 天内	很好！超过了多数同龄孩子。
24 天后	注意！需多练习，赶上发展。
60 天后	警惕！防止发育落后，排除神经系统异常。

2. 抓放玩具　练习手掌展开和合拢，促进早日控制手指的动作

将玩具或笔杆放入孩子的手心，一边放一边说："抓，抓，抓"，看孩子能不能抓紧玩具或笔杆。当孩子握住玩具或笔杆后，再对孩子说"放，放，放"，看孩子会不会松开手指，让玩具或笔杆很快掉下来。

如果孩子不会放开玩具，可以握住孩子的小手，从手背往手指方向抚摸，让手自然张开，让笔掉下。

我们的手进行复杂的精细运动，必须掌握4项基本动作，一是抓握物体；二是将手伸向物体；三是随意放下物体；四是手腕能向各个方向运动。而孩子能随意展开合拢小手，是实现精细动作的基本要素，是此阶段孩子需要发育的技能。

壮壮25天握住妈妈给的笔，很快能松开手指。

发育时时评　记录孩子点点滴滴的进步

✱ **握笔 2~3 秒后放手让笔掉下**

　　◆ 发育评价

　　　　○**通过**　出生日龄_____（天）　　　　　○**未通过**

　　◆ 判断标准

通过日龄	温馨提示
15 天内	很棒！继续保持哦。
30 天内	很好！超过了多数同龄孩子。
30 天后	注意！需要赶上发展，加紧练习。
45 天后	警惕！防止发育落后，排除神经系统异常。

3. 竖直抱起　练习竖头，促进孩子的头部早日稳定

孩子一出生，每天都要竖直抱起一会儿，同时有意地、慢慢地将支撑孩子头部的手短暂地移开一会，让孩子的头部在失去支撑时能自由地、间歇地抬头片刻。

你还可将孩子竖直抱起，靠在你的肩上，用手扶着孩子的颈部，在室内转转，到阳台上走一走。如果天气好，也可到室外逛一逛。

孩子出生时颈椎支撑力还很差，经常竖直抱起孩子，颈部肌肉就能得到锻炼，有助于孩子的头部尽早进入稳定期。竖抱，孩子可直立看物，改变了孩子的视、听方向，可促进视觉和听觉发育。老人总是告诉你要时时刻刻地扶好孩子头部，但你也要学会在适当时放手，才能让孩子得到适宜的锻炼，才会让孩子有最大程度的发展。

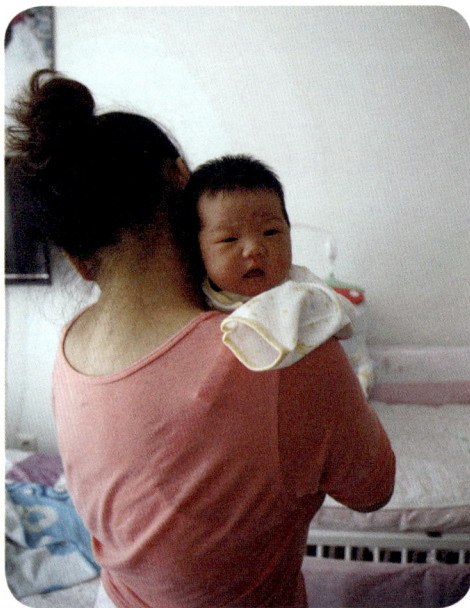

妈妈经常竖立抱起诗潼到处走一走，看一看。出生18天的她，靠背竖抱，不扶头，头已经能直立、保持稳定15秒以上。她的这项动作发育很棒哦！

发育时时评 记录孩子点点滴滴的进步

✱ **头部稳定地竖立 15 秒以上**

◆ 发育评价

　　○**通过**　出生日龄_____（天）　　　　○**未通过**

◆ 判断标准

通过日龄	温馨提示
21 天内	很棒！继续保持哦。
48 天内	很好！超过了多数同龄孩子。
48 天后	注意！需多练习，赶上发展。
120 天后	警惕！防止发育落后，排除神经系统异常。

4. 侧卧转成仰卧　训练运动能力和身体的协调性

方法

让孩子侧卧，把孩子身体下面的手臂拿出来放在前面，把身体上面的那条腿放在另一条腿的前面，并且让膝盖稍微弯曲一点，再让孩子稳定地、舒服地保持这个侧卧位玩耍一会。

你面对孩子，看着他，叫他的名字，和他说话，同时拿一个玩具在他面前摇晃，当孩子注意到你以后，你再走到他的身后，叫孩子的名字和他说话，这样孩子就会从侧卧转身至仰卧来看你。

爱心提示

如果孩子不会转身，你可把手放在孩子的身上，感受一下孩子是否在用力做翻身动作。如果是，不需担心，多加训练，孩子就能自己从侧卧转为仰卧了。你需要注意的是，让孩子交替地进行左、右侧翻身。

育儿随心记
记录父母时时刻刻的感受

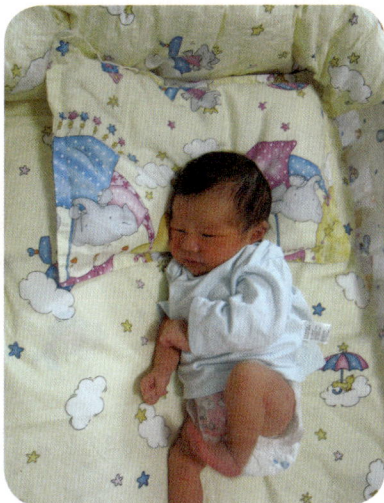

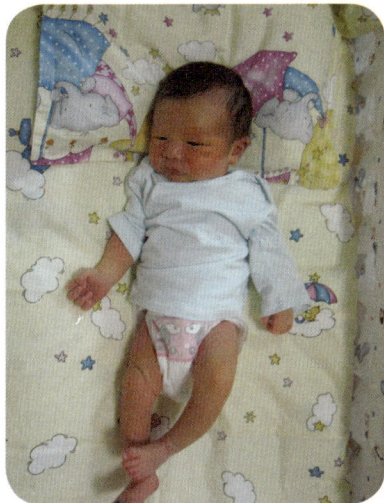

皮皮 7 天，能从侧卧翻身成仰卧，这项动作发育很棒哦!

发育时时评　记录孩子点点滴滴的进步

✱ 从侧卧位转成仰卧

◆ 发育评价

　　○通过　出生日龄_____（天）　　　　○未通过

◆ 判断标准

通过日龄	温馨提示
21 天内	很棒！继续保持。
54 天内	很好！超过了多数同龄孩子。
54 天后	注意！需多练习，赶上发展。
120 天后	警惕！防止发育落后，排除神经系统异常。

5. 俯卧抬头，做爬行动作　训练颈部力量及两条腿交替伸和缩动作，为爬行打基础

方法

让孩子俯卧在床上，拿铃铛在孩子前方摇响，和孩子说笑，引起孩子注意，让他抬头看玩具和你。观察孩子是否会抬起自己的头和肩部，两条腿交替地做伸、缩动作，就像在"爬行"一样。

爱心提示

俯卧抬头练习可增强孩子颈部肌肉力量和手臂的支撑力，为爬行做准备。如果孩子的两条腿不能交替地做伸和缩动作，您可以握住孩子的双腿，让它一伸一缩，帮助孩子做伸和缩动作，促进他的发展。

爬行是一种极好的全身运动，爬行中全身的各个部位都参与活动，受到锻炼。爬行时姿势要经常变换，手、脚要协调运动，会促进小脑平衡机能的发展。

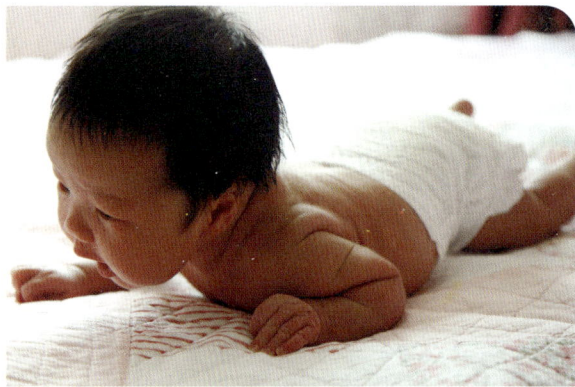

诗潼一出生，妈妈逗引她俯卧抬头。看！18天的她，下巴和肩部都抬起来了。她的这项动作发育很棒，超过了同龄孩子的发育水平哦！

育儿随心记
记录父母时时刻刻的感受

照片

发育时时评　记录孩子点点滴滴的进步

★ 俯卧抬头，能用双臂撑起自己，抬起上半身

　◆ 发育评价

　　　○通过　出生日龄＿＿＿＿＿（天）　　　○未通过

　◆ 判断标准

通过日龄	温馨提示
21 天内	很棒！继续保持。
66 天内	很好！超过了多数同龄孩子。
66 天后	注意！需多练习，赶上发展。
150 天后	警惕！防止发育落后，排除神经系统异常。

6. 打开紧握的小拳头　开启孩子智慧之门

从孩子一出生就要经常和孩子玩小手。在给孩子哺乳时，你的大手握孩子小手，食指伸进孩子的手心，轻轻地来回转动，抚摸手背，拉直手指，握握手，摇摇手臂。如果孩子经常紧握拳头，可将他手背向上，放在你的手掌上，你用另一只手从孩子的手腕往手指方向按摩手背、手指，再将他手掌翻过来，按摩手心。当孩子舒适、身心放松时，手指就容易打开了。

爱心提示

孩子刚出生时双手是紧紧地握拳的，如果孩子要学会抓握物体，必须先要能放开手指。通过按摩孩子的手指和脚趾，玩手指和脚趾，展开一个个手指和脚趾，可促进孩子的手掌尽早地打开，为今后抓握物体打下基础。

如果孩子 3 个月及以后手仍持续握拳不放开，最好到医院小儿神经内科求医，排除脑瘫及其他神经系统异常。

悠悠 6 天，小手多数时间是张开的，发育很棒。

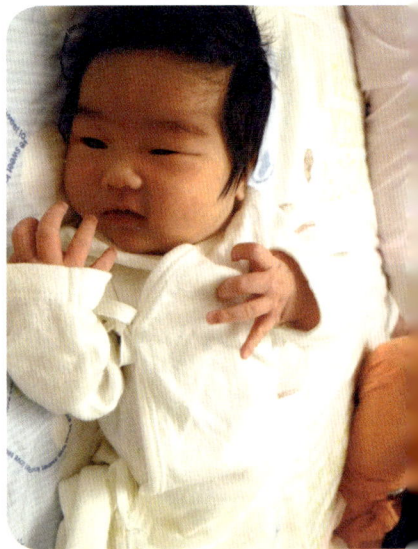

育儿随心记
记录父母时时刻刻的感受

照片

发育时时评　记录孩子点点滴滴的进步

多数时间双手是张开的

◆ 发育评价

○**通过**　出生日龄_____（天）　　　　○**未通过**

◆ 判断标准

通过日龄	温馨提示
21 天内	很棒！继续保持。
78 天内	很好！超过了多数同龄孩子。
78 天后	注意！需多练习，赶上发展。
150 天后	警惕！防止发育落后，排除神经系统异常。

❋ 发育记录

性别　　　　　○男　　　○女

出生时间　　　_____年_____月_____日_____时

身长测量　　　出生 _____厘米

　　　　　　　30 天_____厘米

✿ 身长评价标准（与世界卫生组织同性别同龄孩子比较）

评价结果	男孩（厘米）	女孩（厘米）	温馨提示
○异常	> 55.6	> 54.7	警惕！排除疾病所致的异常增长
○超常	> 53.4	> 52.7	注意！高于97%的孩子，监测生长速度
○偏高	> 51.2	> 50.4	很好！高于75%的孩子，继续保持
○中等偏上	> 49.9	> 49.1	好！高于50%的孩子，继续保持
○中等偏下	≥ 48.6	≥ 47.9	不错！等于或高于25%的孩子，继续保持
○偏低	< 48.6	< 47.9	注意！低于25%的孩子，注意观察
○迟缓	< 46.3	< 45.6	重视！低于3%的孩子，进行健康咨询
○落后	< 44.2	< 43.6	警惕！立刻求医，寻找原因

表头：出生时身长评价

30 天身长评价			
评价结果	男孩（厘米）	女孩（厘米）	温馨提示
○异常	> 60.6	> 59.5	警惕！排除疾病所致的异常增长
○超常	> 58.4	> 57.4	注意！高于 97% 的孩子，监测生长速度
○偏高	> 56.0	> 55.0	很好！高于 75% 的孩子，继续保持
○中等偏上	> 54.7	> 53.7	好！高于 50% 的孩子，继续保持
○中等偏下	≥ 53.4	≥ 52.4	不错！等于或高于 25% 的孩子，继续保持
○偏低	< 53.4	< 52.4	注意！低于 25% 的孩子，注意观察
○迟缓	< 51.1	< 50.0	重视！低于 3% 的孩子，进行健康咨询
○落后	< 48.9	< 47.8	警惕！立刻求医，寻找原因

第 2 个月

（31 ～ 60 天）

孩子能做什么

- 竖抱孩子，不扶头，能稳定地竖起头部 15 秒钟以上。
- 俯卧，能抬头，脸与床成 45°，下巴偶尔能离床，头能左右转动。
- 仰卧，腿能蹬掉衣被；两手能在胸前互碰；手指能自己展开合拢。
- 侧卧，能转为仰卧。
- 站立，双腿能做踏步反射。

父母能做什么

- 孩子醒着的时间增长，每天要多和孩子玩一玩。
- 坚持每天给孩子做"婴儿被动操"，为孩子的身体健康打好基础，培养孩子爱运动的习惯。
- 和孩子做展开和合拢手指的游戏，让孩子双手抓握各种物品，为孩子早日抓握物体做准备。
- 经常竖抱孩子，来回走动，上下楼梯；让孩子进行俯卧抬头练习；促进孩子尽早进入头部稳定期。
- 让孩子坐一坐，改变体位，锻炼颈、背肌肉力量和躯体姿势的调节功能。
- 经常让孩子站一站，练习踏步，促使踏步反射向迈步动作转换。

婴儿被动操

第一节　扩　胸

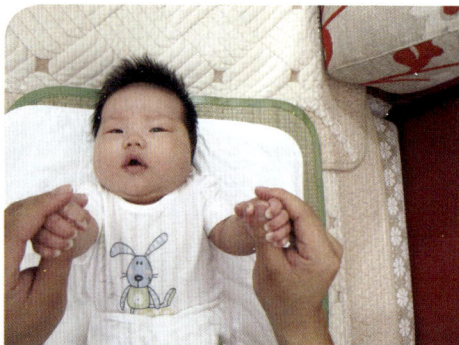

准备：让孩子仰卧，将大拇指放入孩子手心中，让孩子握住，其余手指轻握孩子手腕部。使孩子双臂向前平举。

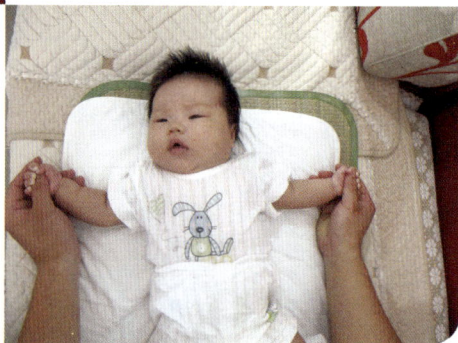

第1拍：双臂向左、右两侧分开，肘关节伸直。

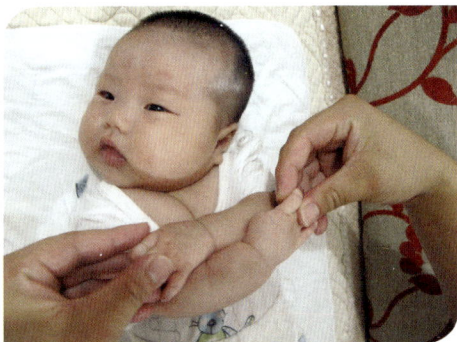

第 2 拍：双臂在胸前交叉。

重复 8 拍。

第二节　双臂上举

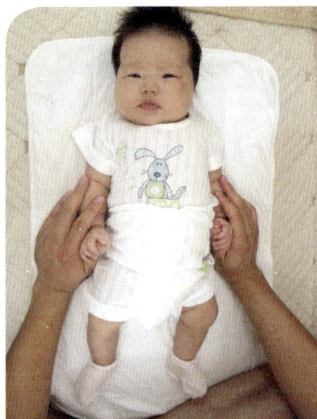

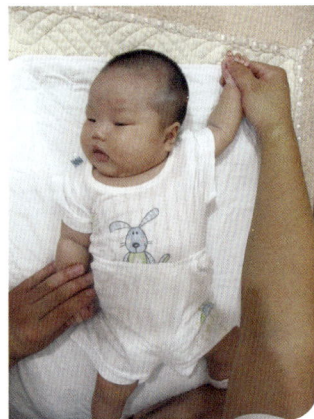

准备：让孩子仰卧，轻握孩子手腕，放置在孩子身体两侧。

第 1 拍：左臂上举。

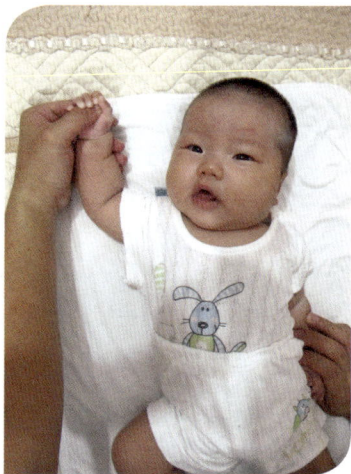

第 2 拍：右臂上举，左臂放下。

第 3、4 拍：同第 1、2 拍。

第 5 拍：右臂放下再双臂向
上举。

第 6 拍：还原。

第 7、8 拍：同第 5、6 拍。

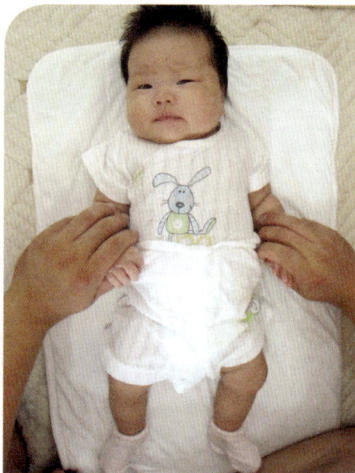

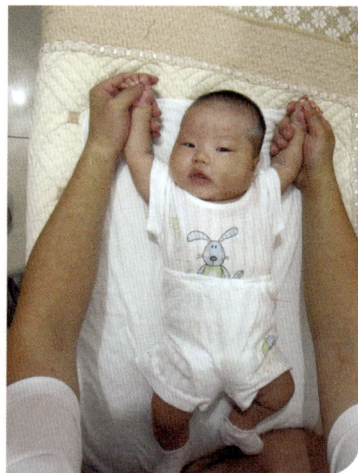

第三节　双臂伸屈

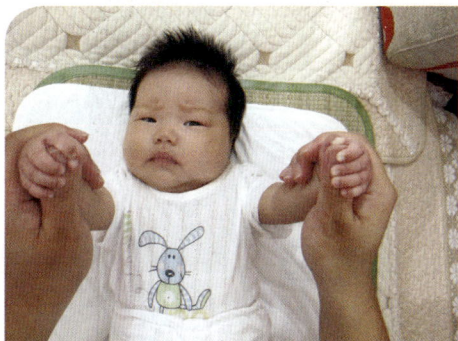

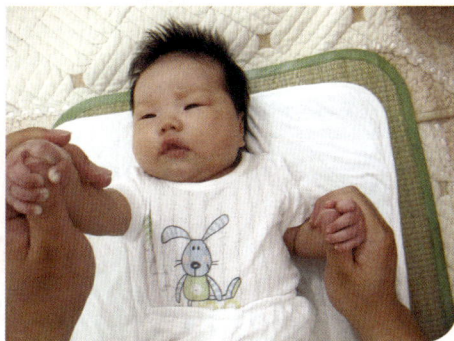

准备：与第一节准备同。

第 1 拍：左臂肘关节屈曲，右臂向前伸直。

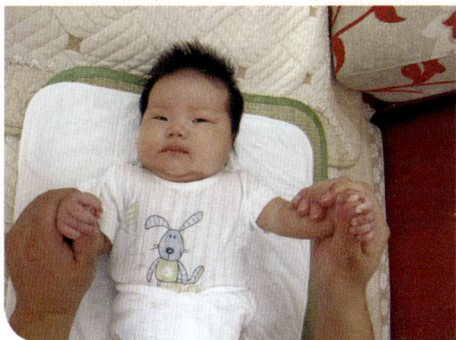

第 2 拍：右臂肘关节屈曲，左臂向前伸直。

第 3、4 拍：同第 1、2 拍。

第 5 拍：双手臂肘关节屈曲。

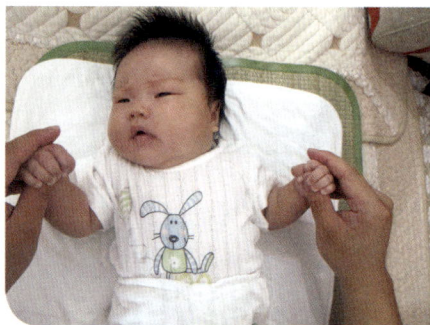

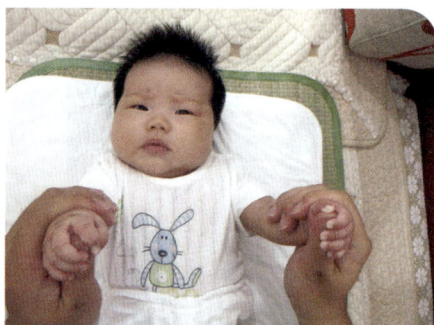

第 6 拍：双手臂关节伸直。

第 7、8 拍：同第 5、6 拍。

第四节　双臂环绕

准备：与第一节准
备同。

第 1、2、3、4 拍：
左臂由上向下环绕。

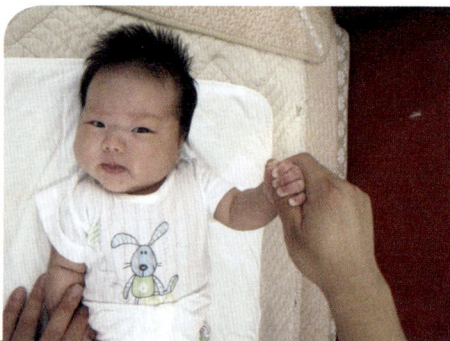

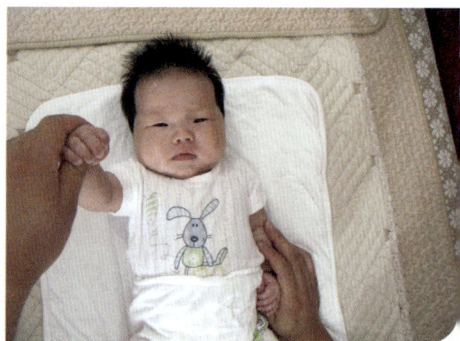

第 5、6、7、8 拍：右臂由上向下环绕。

重复 1 次 8 拍，左、右臂分别由下向上环绕。

第五节　双腿伸曲

准备： 让孩子仰卧，双手轻握孩子两脚踝外侧，使孩子双脚伸直。

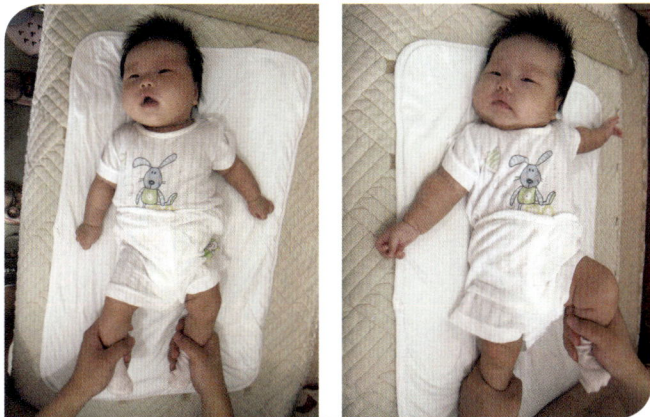

第 1 拍： 左膝关节屈曲，膝盖向上缩至腹部，左腿伸直。

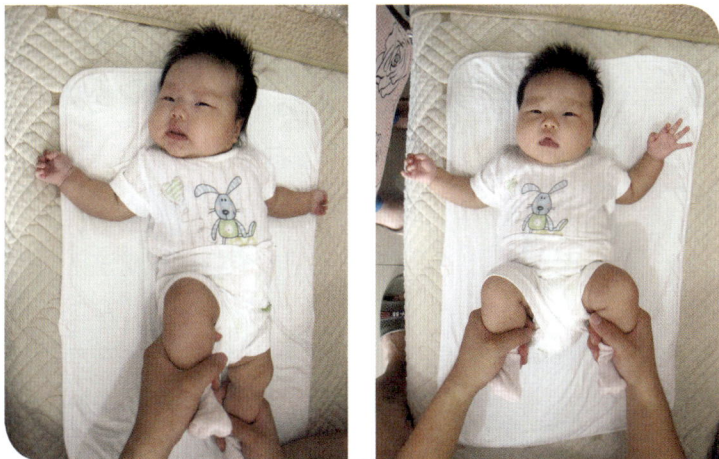

第 2 拍： 右膝关节屈曲，膝盖向上缩至腹部。

第 3、4 拍： 同第 1、2 拍。

第 5 拍： 双腿同时曲缩至腹部（双腿并拢）。

第 6 拍： 还原。

第 7、8 拍： 同第 5、6 拍。

第六节　双腿上举

准备：让孩子仰卧，双手轻握孩子膝部，双腿伸直。

第 1 拍：左腿上举与腹部成直角，右腿伸直。

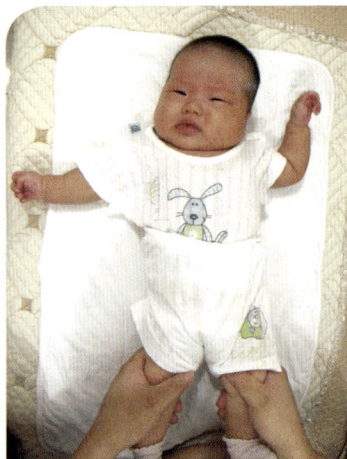

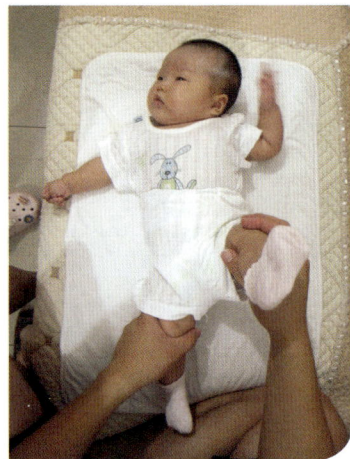

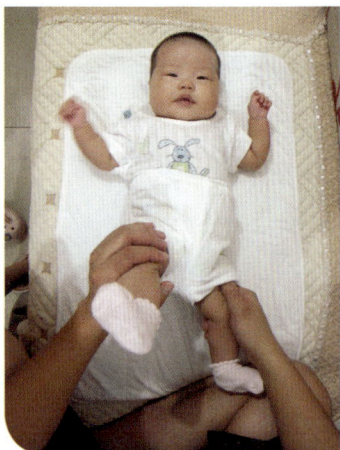

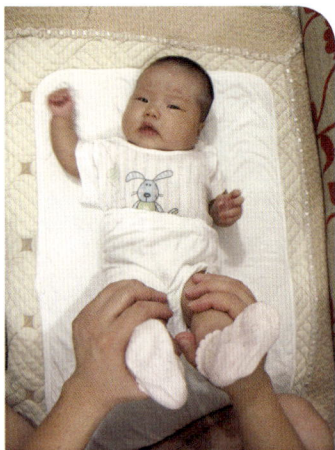

第 2 拍：右腿上举与腹部成直角，左腿伸直。

第 3、4 拍：同第 1、2 拍。

第 5 拍：双腿上举与腹部成直角。

第 6 拍：还原。

第 7、8 拍：同第 5、6 拍。

第七节　伸屈踝关节

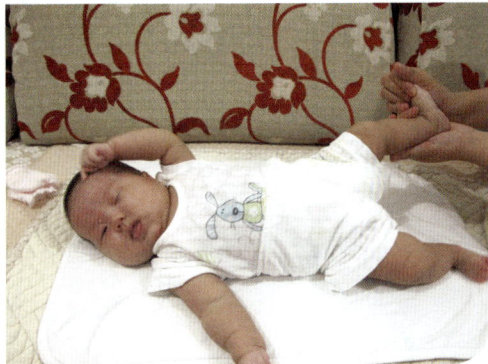

准备：让孩子仰卧，一手握孩子的踝关节，一手掌紧贴孩子脚面，手指抓住脚趾。

第 1 拍：手向前压，让踝关节屈曲。

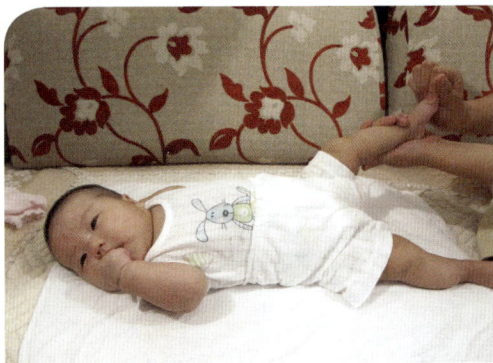

第 2 拍：手往后拉，让踝关节伸展。

第 3、4 拍：同第 1、2 拍。

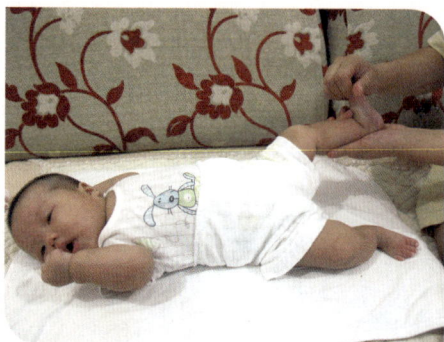

第5、6拍：让踝关节向左旋转
一圈。

第7、8拍：让踝关节向右旋
转一圈。
　　左右踝关节交替进行，各做1
个8拍。

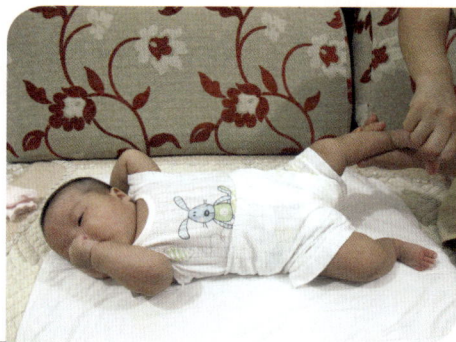

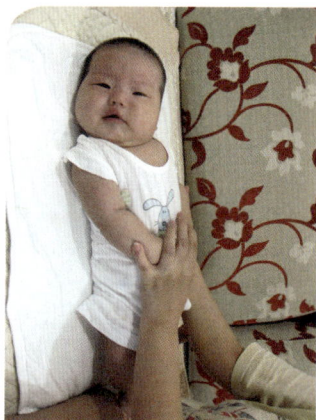

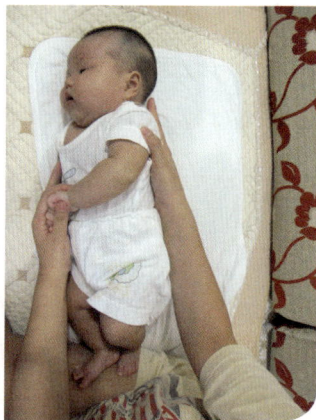

第八节　翻　身

准备：让孩子仰卧，
双臂交叉放在胸前，妈妈
左手抓住孩子的双臂，右
手扶着孩子的背部。
　　第1、2拍：让孩子
向右翻身成侧卧位。

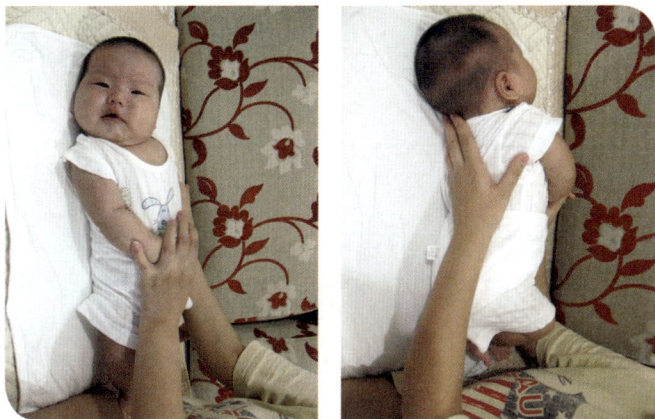

第 3、4 拍：还原。

第 5、6 拍：让孩子向左
翻身成侧卧位。

第 7、8 拍：还原。

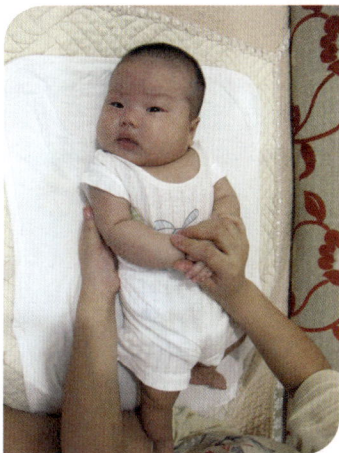

爱心提示

　　本保健操适合 2~6 个月的孩子。每日 1~2 次，边做边放舒缓的古典音乐，
并有节奏地数节拍。每次可做 2 个 8 拍。

怎么和孩子玩

1. 拉手起坐　改变体位，给予新的视听刺激；锻炼颈背肌肉力量

方法

让孩子仰卧在床上，将你的手指伸进孩子的手掌中，让孩子紧紧抓住你的手指，你再把他拉起、放下，反复进行。

爱心提示

开始拉起孩子时他的脖子会往后仰，经过练习，颈部肌肉力量增强，头部就能伸直了。拉起孩子成坐位时，注意观察孩子第一次从竖直的角度看世界时惊奇的表情。从躺着看东西到坐着东西，有了不一样的世界。体位的改变可促进孩子认知能力发育，脑功能发展。

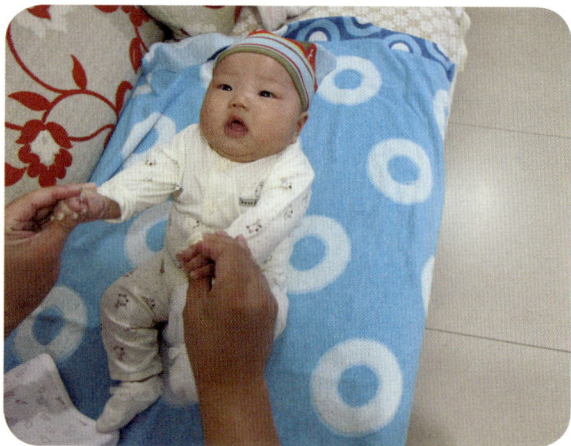

诗潼出生后，妈妈就经常做抓住手指拉起的游戏，满月时妈妈拉她坐起时头就偶然能伸直。看！96 天的她，拉手起坐时头能很稳定地伸直了。

发育时时评　记录孩子点点滴滴的进步

★ 仰卧拉双手坐起，头偶然伸直

◆ 发育评价

　　○**通过**　出生日龄_____（天）　　　　○**未通过**

◆ 判断标准

通过日龄	温馨提示
30 天内	很棒！继续保持。
55 天内	很好！超过了多数同龄孩子。
55 天后	注意！需多练习，赶上发展。
85 天后	警惕！防止发育落后，排除神经系统异常。

2. 踢打吊球　初步学习对肢体的控制，练习眼 – 手协调功能

准备一个颜色鲜艳、带铃铛的吊球，让孩子仰卧在床上，摇响吊球逗引孩子。当孩子看到鲜艳的色彩，听到悦耳的铃声会兴奋得抬起臀部，手舞足蹈，好像要去踢打吊球一样。这时拿吊球去触碰孩子的手或脚，激励孩子有意地、一再地去踢打吊球。

也可让孩子躺在带吊环的健身架下，摇动架上的彩铃，引导孩子来踢打吊球。如果孩子不会，直接拿着孩子的手腿去踢打吊球就好。吊球以鲜艳的单色为宜，位置要放低一点，让孩子不自主地伸手、伸腿就能够到和碰到，有助于他获得信心。

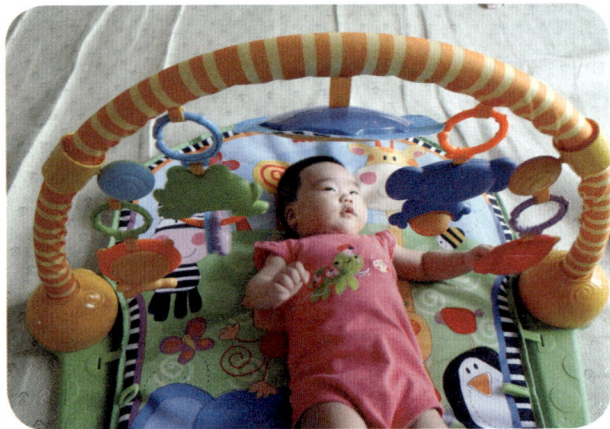

悠悠 51 天，可挥手踢腿打悬吊的玩具了。

发育时时评　记录孩子点点滴滴的进步

✱ 仰卧时腿能蹬掉衣被

◆ 发育评价

　　○通过　出生日龄_____（天）　　　　○未通过

◆ 判断标准

通过日龄	温馨提示
55 天内	很棒！继续保持。
65 天内	很好！超过了多数同龄孩子。
65 天后	注意！需多练习，赶上发展。
80 天后	警惕！防止发育落后，排除神经系统异常。

3. 坐轮船　练习抬头能力，促进头部稳定和平衡的能力

你躺在床上，让孩子俯卧在你的胸前，与你肌肤相贴。然后你慢慢地深呼吸，使腹部跟着呼吸上下起伏，让孩子感受你的腹部在缓慢地运动。

也可来回地抬高和放下你的腰部、臀部，让孩子感受"轮船"在波涛中的起伏和摇晃。

要一边做游戏一边和孩子说话，引导孩子努力抬头看你的脸，听你说话；也可给孩子唱儿歌，引起孩子的注意。

坐轮船

小宝宝，坐轮船，
左摇摇，右晃晃，
摇摇晃晃真舒坦。

姥姥家

坐轮船，坐轮船，
船哪里去，
船到姥姥家去。

爱心提示

此游戏可以训练孩子在运动中保持头部平衡的能力。随着孩子月龄增长，你可以逐渐加大运动幅度。

当头部的位置发生变化时，人中耳内的前庭平衡器官就会发出信息，通过神经系统调整颈部的肌肉，产生对头部位置的调节反应，将头部调节到躯体的中线，保持立直位置，这就是立直反射。这种反射能力的发展，可促进孩子的运动平衡能力和协调能力的发展。

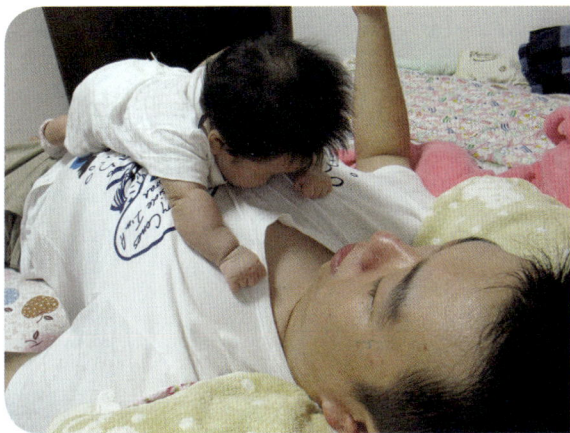

诗潼 47 天，正在和爸爸玩坐轮船的游戏。在身体前后左右摇晃中，她的头仍然能平衡地保持在中线位置。

发育时时评　记录孩子点点滴滴的进步

★ 身体前后左右倾斜，头部能平衡地保持在中线位置

◆ 发育评价

　　○通过　出生日龄_____（天）　　　　○未通过

◆ 判断标准

通过日龄	温馨提示
60 天内	很棒！继续保持。
99 天内	很好！超过了多数同龄孩子。
99 天后	注意！需多练习，赶上发展。
180 天后	警惕！防止发育落后，排除神经系统异常。

4. 一手抓一个玩具　促进双手协调性动作的发育

找一个小玩具，如一块小方木。抱孩子坐在桌前，在离孩子 15 厘米远处敲动方木引起孩子注意，鼓励孩子伸手拾方木。如果孩子未能伸手拾它，可在孩子的双手中各放一块方木，让孩子握住方木。

苏联教育家苏霍姆林斯基说："小儿的智慧在他的手指尖上"。手是我们认识事物的工具，手具有触觉识别功能，也就是不需要用眼睛看，只用手触摸就能判断物体特性的能力。在孩子出生前几个月，也就是胎儿期，触觉就发育得很好，出生后孩子就能感知物体的温度、大小等物体的属性；6 ~ 9 个月之后能感知物体的质地和重量等属性，以后还会感知物体的形状。多让孩子抓握各种不同的物体，通过手的动作去认识物体的属性，继而认识世界。

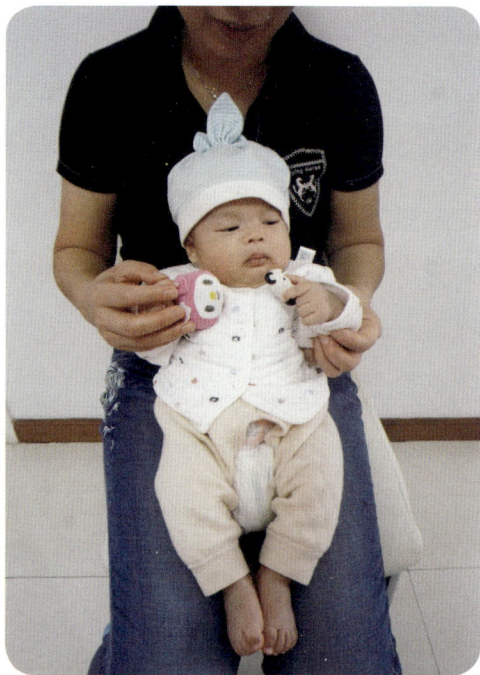

壮壮 47 天，正在玩抓玩具的游戏。

 **育儿随心记**
记录父母时时刻刻的感受

照片

发育时时评　记录孩子点点滴滴的进步

★ **手抓握方木 2 秒钟以上**

◆ 发育评价

　　○**通过**　出生日龄_____（天）　　　　○**未通过**

◆ 判断标准

通过日龄	温馨提示
60 天内	很棒！继续保持。
102 天内	很好！超过了多数同龄孩子。
102 天后	注意！需多练习，赶上发展。
180 天后	警惕！防止发育落后，排除神经系统异常。

5. 坐一会 练习身体姿势的调节功能，促进身体协调性发育；给孩子新的视听角度

抱起孩子，让他坐在你的腿上，缓慢地松开你的手对他身体的支撑，观察孩子能否调整自己的身体努力保持坐姿。

从现在起每天可让孩子靠在沙发上、枕头上坐一会儿，或把孩子抱在你怀里玩一会儿玩具，看一看图片。

爱心提示

坐位让孩子看物体和听声音的角度发生了变化，对视觉和听觉发育有促进作用。孩子坐位姿势运动的发展是有规律的，第 1 个月孩子坐位时身体全前倾、头不能竖稳；2 ~ 4 个月，身体半前倾，头能竖稳。此后，你不要总是让孩子躺着，要抱起孩子坐一会，这样孩子会更高兴，发育也会更好。

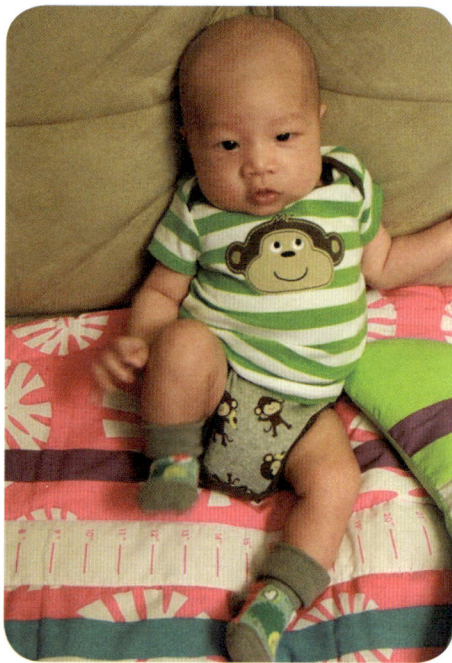

纤纤 53 天，能靠着沙发坐一会了。

育儿随心记　记录父母时时刻刻的感受

发育时时评　记录孩子点点滴滴的进步

★ 扶背部或靠着能坐一会

◆ 发育评价

　　○**通过**　出生日龄_____（天）　　　　○**未通过**

◆ 判断标准

通过日龄	温馨提示
60 天内	很棒！继续保持。
105 天内	很好！超过了多数同龄孩子。
105 天后	注意！需多练习，赶上发展。
180 天后	警惕！防止发育落后，排除神经系统异常。

❋ **发育记录**

身长测量　　30 天＿＿＿＿＿＿＿厘米

❋ **身长评价标准**

评价结果	男孩（厘米）	女孩（厘米）	温馨提示
○异常	> 64.4	> 63.2	警惕！排除疾病所致的异常增长
○超常	> 62.2	> 60.9	注意！高于 97% 的孩子，监测生长速度
○偏高	> 59.8	> 58.4	很好！高于 75% 的孩子，继续保持
○中等偏上	> 58.4	> 57.1	好！高于 50% 的孩子，继续保持
○中等偏下	≥ 57.1	≥ 55.7	不错！等于或高于 25% 的孩子，继续保持
○偏低	< 57.1	< 55.7	注意！低于 25% 的孩子，注意观察
○迟缓	< 54.7	< 53.2	重视！低于 3% 的孩子，进行健康咨询
○落后	< 52.4	< 51.0	警惕！立刻求医，寻找原因

第3个月

（61 ~ 90天）

孩子能做什么

- 俯卧，双臂撑起自己。
- 竖抱，头部不用手扶，来回走动，轻微摇晃，能保持头部稳定，头部进入稳定期。
- 拉手坐起，头能伸直；支撑下能维持坐位。
- 双手大多数时间是张开的，手指能自己展开合拢。
- 无意识抓握动作开始出现，手的动作开始发育；会无意识敲打手中的玩具；抓住衣服或被角不放；吃手或吃手中抓的东西，玩手，向玩具伸手。

父母能做什么

- 多让孩子俯卧，练习手臂的支撑力；把玩具放在远处，鼓励孩子伸手，挥动双腿向前拱动去抓玩具，为爬行动作做准备。
- 竖抱孩子，让孩子自己竖头；做摇摆等幅度较大的动作，促进孩子头部更加稳定。
- 把玩具、纸等各种物品放在孩子的身边和手中，让孩子有机会去抚摸和抓握它们；促使无意识的抓握动作进一步发育；同时感受不同质地物品的刺激，促进触觉发育。
- 把玩具悬吊或放在孩子眼前20厘米处，逗引孩子看玩具，并将手伸向玩具，练习眼－手协调动作，促进无意识的抓握动作早日发育为随意抓握动作。
- 经常让孩子爬一爬、坐一坐、站一站、翻翻身，促进孩子身体协调和平衡性发展。

怎么和孩子玩

1. 伸手够悬吊的玩具 由"看到"变成"伸手抓到"，促进眼 – 手协调性发育

方法

用一个细绳悬吊一个红环或其他玩具，在孩子眼前 15 厘米左右处慢慢地摇晃玩具，引起孩子的观看，逗引孩子向晃动的玩具方向反复地伸手够玩具。孩子开始伸手的动作不协调，手不能靠近玩具，你可将玩具靠近孩子的手，让他容易够着悬吊的玩具。

萌哲 98 天，能将手伸向悬吊的玩具。

爱心提示

玩具摇晃的时间要长一些，让孩子有时间做出反应。注意将玩具放在中间的位置，观察孩子经常用哪只手去够玩具。如果孩子总是用左手够玩具，你可把玩具移到孩子的右侧；如果孩子仍用左手取右侧的玩具，考虑孩子的优势手可能为左手。你要注意让孩子左右手有同样的机会去抓握玩具，促进孩子的左右手功能平衡发育。

育儿随心记
记录父母时时刻刻的感受

发育时时评　记录孩子点点滴滴的进步

★ 向悬吊的玩具伸手

◆ 发育评价

　　○**通过**　出生日龄_____（天）　　　　○**未通过**

◆ 判断标准

通过日龄	温馨提示
60 天内	很棒！继续保持。
111 天内	很好！超过了多数同龄孩子。
111 天后	注意！需多练习，赶上发展。
180 天后	警惕！防止发育落后，排除神经系统异常。

2. 从仰卧到侧卧翻身　激发大脑对身体运动的平衡和调节反应

方法

让孩子仰卧，在孩子面前摇动玩具，对他说话，再往侧面移动玩具，逗引孩子往侧面看，这样孩子就不知不觉地从仰卧翻身到侧卧。然后用枕头支撑孩子的背部，保持侧卧位，玩一会儿玩具。

爱心提示

如果孩子不能侧翻，你可以先将孩子的双手上举，再轻轻推一推孩子背部，帮助孩子从仰卧转为侧卧。

孩子侧卧时，要将孩子身体下面的胳膊放在身体前面（不要压在身体下面），把另一胳膊放在胸前，同侧大腿的膝关节稍微弯曲，放在身体前面。可让孩子维持上述舒适的侧卧位躺着玩耍。

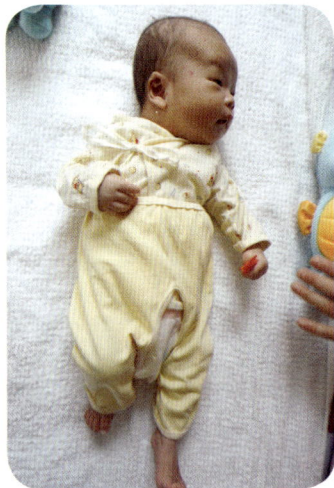

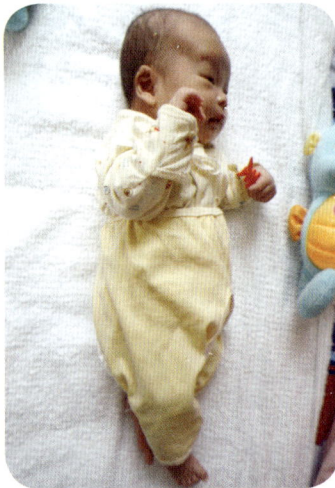

壮壮 28 天，能从仰卧翻成侧卧，发育非常非常棒哦！

发育时时评　记录孩子点点滴滴的进步

★ 仰卧到侧卧翻身

◆ 发育评价

　　○通过　出生日龄_____（天）　　　　○未通过

◆ 判断标准

通过日龄	温馨提示
60 天内	很棒！继续保持。
129 天内	很好！超过了多数同龄孩子。
129 天后	注意！需多练习，赶上发展。
180 天后	警惕！防止发育落后，排除神经系统异常。

3. 站一站　练习大腿站立能力，促使小脑平衡能力发育

　　用手扶着孩子的双腋，让孩子在床上站一站，看孩子能不能短暂地直立。

　　一手扶着孩子的腋下，一手抓住孩子的双腿，反复地举起和放下孩子，或带着孩子转圈。注意观察孩子的双腿能否短暂地直立。

从诗潼出生第一个月，爸爸妈妈就经常和她做踏步游戏，53 天的她站立时腿能伸直，好像要自己走了一样。

　　经常让孩子站一站，练习双腿的站立能力。但时间不宜太久，并且一定要用手扶着孩子。这是因为孩子的双腿还不能承受身体的重量。来回转圈时的动作不要太快、幅度不要过大，免得孩子受到惊吓，更重要的是防止孩子的脑组织因快速转动与颅骨相撞，损伤脑神经，影响大脑的发育。

发育时时评 记录孩子点点滴滴的进步

★ 扶腋站立时腿能短时直立

◆ 发育评价

　　○**通过**　出生日龄_____（天）　　　○**未通过**

◆ 判断标准

通过日龄	温馨提示
84 天内	很棒！继续保持。
97 天内	很好！超过了多数同龄孩子。
97 天后	注意！需多练习，赶上发展。
138 天后	警惕！防止发育落后，排除神经系统异常。

4. 推不倒翁　肢体控制能力和眼－手协调能力的练习

将一个带响的不倒翁放在孩子床上，看孩子能否主动地去触摸和推动不倒翁。

抱起孩子坐在桌前，摇动推不倒翁，引导孩子主动将手伸向不倒翁，推动不倒翁。当孩子把不倒翁推过来时，你再把它推过去，与孩子互动，这会更加激发孩子的兴趣。一边玩游戏还可以一边给念儿歌：

不倒翁

不倒翁，翁不倒，推一推，
摇一摇，推来推去推不倒。

任何抓握动作包括4种连续的动作过程，一是视觉搜索物体，二是接近物体，三是抓住物体，四是放开物体。在完成一个抓握动作的过程中，需要形成中枢神经对周围神经控制，视觉和运动觉的协调。孩子开始看到胸前的玩具，只会手舞足蹈，但不能把手臂准确地伸向玩具，这就是大脑对身体控制能力不够，即眼－手不协调的表现。经常和孩子玩这类游戏，可促进孩子眼－手协调能力的发育。

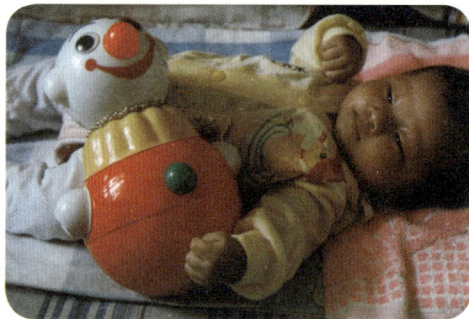

西西一出生妈妈就经常让她练习触摸抓握玩具，75天的她就能用手推，用脚踢响不倒翁了。

育儿随心记
记录父母时时刻刻的感受

发育时时评　记录孩子点点滴滴的进步

★ 主动用手抚摸身边的物体

◆ 发育评价

　　○**通过**　出生日龄_____（天）　　　　○**未通过**

◆ 判断标准

通过日龄	温馨提示
90 天内	很棒！继续保持。
132 天内	很好！超过了多数同龄孩子。
132 天后	注意！需多练习，赶上发展。
180 天后	警惕！防止发育落后，排除神经系统异常。

5. 努力自己坐起　大脑对身体控制和调节能力的练习

方法

让孩子仰卧在床上，用玩具或伸出双手逗引孩子，让孩子抬头、抬肩，努力坐起来抓玩具。

爱心提示

通过此游戏练习可增强大脑对头颈、脊柱、腰背部及整个身体的控制和调节能力，促进中枢神经系统功能的发育。

妈妈经常逗悠悠起身抓玩具，79 天的她，看见悬吊的玩具好像要坐起来抓住它。

发育时时评　记录孩子点点滴滴的进步

★ 仰卧时抬头、抬肩，努力想坐起

◆ 发育评价

　　○通过　出生日龄_____（天）　　　　○未通过

◆ 判断标准

通过日龄	温馨提示
90 天内	很棒！继续保持。
141 天内	很好！超过了多数同龄孩子。
141 天后	注意！需多练习，赶上发展。
180 天后	警惕！防止发育落后，排除神经系统异常。

6. 玩纸乐 双手协调动作的初步练习

方法

给孩子餐巾纸或其他彩色纸，让孩子用两只手把纸揉成团，把纸团扔出；和孩子各拿一端，用力拉；让孩子一手拉一端，将纸撕开；再抱起孩子拾起地下的纸放入垃圾箱中。

爱心提示

多数孩子喜欢玩揉、撕、扔、拉和拾纸的游戏，当孩子发现通过自己小手可以改变纸的形状，会让纸发出声音，可感到快乐和惊喜；这使孩子初步认识到自己有改变外界环境的能力，激发了动手的兴趣。注意不要让孩子玩硬纸片，以免拉伤孩子的手指。

乐乐116天，正在玩纸，能将纸捏出痕迹了。

发育时时评　记录孩予点点滴滴的进步

★ 能将纸折皱，使它发生响声及其他形式玩纸

◆ 发育评价

　　○**通过**　出生日龄_____（天）　　　　○**未通过**

◆ 判断标准

通过日龄	温馨提示
90 天内	很棒！继续保持。
150 天内	很好！超过了多数同龄孩子。
150 天后	注意！需多练习，赶上发展。
210 天后	警惕！防止发育落后，排除神经系统异常。

第3个月孩子长得怎么样

✿ 发育记录

身长测量　　90 天_____厘米

✿ 身长评价标准

评价结果	男孩（厘米）	女孩（厘米）	温馨提示
○异常	> 67.6	> 66.1	警惕！排除疾病所致的异常增长
○超常	> 65.3	> 63.8	注意！高于 97% 的孩子，监测生长速度
○偏高	> 62.8	> 61.2	很好！高于 75% 的孩子，继续保持
○中等偏上	> 61.4	> 59.8	好！高于 50% 的孩子，继续保持
○中等偏下	≥ 60.1	≥ 58.4	不错！等于或高于 25% 的孩子，继续保持
○偏低	< 60.1	< 58.4	注意！低于 25% 的孩子，注意观察
○迟缓	< 57.6	< 55.8	重视！低于 3% 的孩子，进行健康咨询
○落后	< 55.3	< 53.5	警惕！立刻求医，寻找原因

第 4 个月

（91 ～ 120 天）

孩子能做什么

🌸 竖抱孩子，左右摇晃倾斜 45°，能将头部调到身体中线，保持头部平衡。

🌸 拉着孩子的手让他坐起时头能伸直。

🌸 只要稍微用双手扶一下孩子的腰部，就能坐稳。

🌸 扶住孩子腋下站立，头能自由活动，腿能短暂地直立。

🌸 玩具放入手中，能用小拇指侧抓握玩具 2 秒钟以上，能将玩具送入口中。

🌸 看见玩具会向其伸手，但眼 – 手不协调，还不一定能抓着玩具。

父母能做什么

🌸 多和孩子一起做一些摇晃、旋转动作,促进孩子头部稳定和中枢神经对身体的控制能力。

🌸 经常玩爬一爬、坐一坐、站一站的游戏，练习躯体和四肢的控制和调节能力，促进动作的协调性和平衡反应的发育。

🌸 鼓励孩子自己伸手去抓物体，促进眼 – 手协调动作发育；并促进孩子从无意识抓握进入随意抓握动作。

🌸 让孩子抓较小的物品，促进孩子手的抓握动作从小指侧向拇指侧发展。

🌸 鼓励孩子摇晃、敲打玩具，练习手腕各个方向的运动能力。

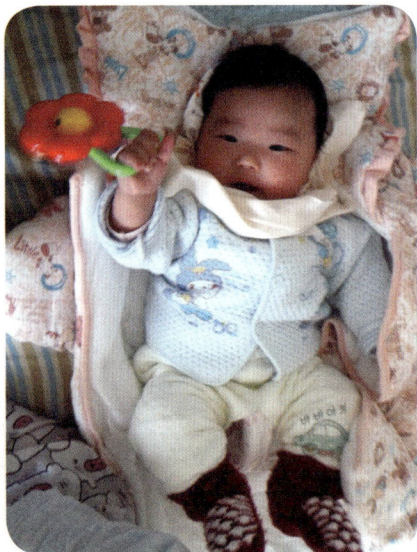

怎么和孩子玩

1. 摇响哗铃棒　转动手腕，让手腕向不同方向运动

方法

　　妈妈先摇动哗铃棒吸引孩子的注意，再把哗铃棒放进孩子手中，让孩子能握住哗铃棒，看孩子能否握紧哗铃棒不掉，并摇响它。如果孩子能摇响哗铃棒，观察孩子的手腕是否运动自如。如果孩子还不能摇响它，可拿着他的手和他一起摇动哗铃棒，发出声响。

爱心提示

　　自由地旋转腕关节是操作物体的基本能力，这是这个年龄阶段孩子需要大力发展的能力之一。哗铃棒发出的响声也会引起孩子注意、观察、倾听，一旦他明白了听到的哗铃棒的响声和看到的哗铃棒的运动与自己手的动作有关时，他会摇得更加起劲。

萌萌 93 天，能自己摇动哗铃棒了。

发育时时评　**记录孩子点点滴滴的进步**

★ 玩玩具时能自由地旋转腕关节

　　◆ 发育评价

　　　　○通过　出生日龄_____（天）　　　　○未通过

　　◆ 判断标准

通过日龄	温馨提示
90 天内	很棒！继续保持。
156 天内	很好！超过了多数同龄孩子。
156 天后	注意！需多练习，赶上发展。
210 天后	警惕！防止发育落后，排除神经系统异常。

2. 蹬车　增加下肢的力量和协调运动

当孩子状态好的时候，让他平躺在床上，用手掌抵住他的足底，交替地、有节奏地向前推动左右手，让他的腿跟着你的手左右交替地前后运动，像踩自行车的动作一样。做游戏时可唱一些节奏性强的歌谣。

蹬　车

上上、下下，双腿踏车；

一、二、三、四，车车快行。

爱心提示

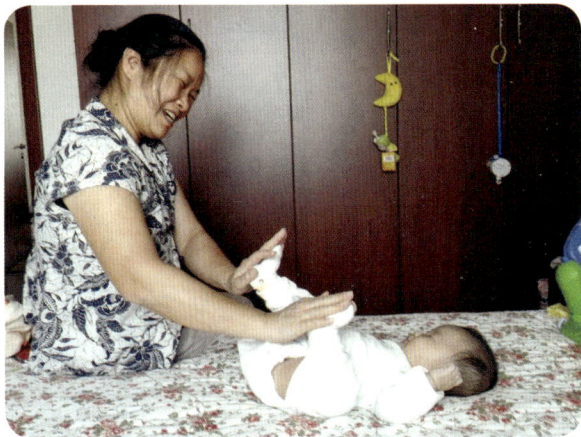

乐乐 115 天，姥姥正在和她玩蹬车，她很喜欢这个游戏。

孩子满 3 个月后肢体活动能力增强了。每天给孩子洗澡后，不要急着给孩子穿衣服，让孩子光着身子在床上自己玩一会，再玩一玩蹬车游戏。由于孩子的腿较短，关节柔软，抬腿大于 90°后就能抱着大脚趾吸吮。

育儿随心记
记录父母时时刻刻的感受

发育时时评 记录孩子点点滴滴的进步

✹ 仰卧能抬腿，但小于 90°

◆ 发育评价

　　○通过　出生日龄_____（天）　　　○未通过

◆ 判断标准

通过日龄	温馨提示
117 天内	很棒！继续保持。
150 天内	很好！超过了多数同龄孩子。
150 天后	注意！需多练习，赶上发展。
170 天后	警惕！防止发育落后，排除神经系统异常。

3. 敲打物体 　训练手的握持能力及对手的控制

抱孩子坐在桌子前，拿一个勺子敲打桌面或其他物体，让孩子模仿你。

给孩子模仿的时间，如果练习 3 天后孩子还不会模仿敲打动作，你可直接拿起孩子手敲打桌面，这样孩子更容易掌握方法。注意给双手同样练习的时间。

爱心提示

抓握、放下物品，挥动手臂，敲打在桌面，对孩子来说都不是一件容易的事，需要大脑对手臂、手指的控制和协调，这要多加练习孩子才能掌握。

乐乐 116 天，姥姥正在和他玩敲打游戏。

育儿随心记
记录父母时时刻刻的感受

发育时时评　记录孩子点点滴滴的进步

★ **用勺敲打桌面**

◆ 发育评价

　　○**通过**　出生日龄_____（天）　　　　○**未通过**

◆ 判断标准

通过日龄	温馨提示
120 天内	很棒！继续保持。
165 天内	很好！超过了多数同龄孩子。
165 天后	注意！需多练习，赶上发展。
240 天后	警惕！防止发育落后，排除神经系统异常。

4. 牵拉和扶物坐起　第一次尝试自我改变体位

让孩子抓住你的双手，慢慢抬高你的手，不用拉孩子，让孩子牵着你的手、借助你的拇指支持，牵拉自己成坐位。

观察孩子在躺在床上、沙发旁玩耍时，会不会抓住床栏，让自己坐起来。如果不会，将他的手放在床栏上，鼓励他自己抓着床栏坐起来。

爱心提示

有过坐的经历的孩子不再满足于躺着了，他会想尽办法让自己坐起来。此时只要你给他一点扶持，多点练习的机会，以及更多的鼓励，孩子就能自己牵拉坐起了。

波波 165 天，能牵拉妈妈的手坐起。

发育时时评 记录孩子点点滴滴的进步

✱ 自己牵拉坐起

◆ 发育评价

　　○**通过**　出生日龄_____（天）　　　　○**未通过**

◆ 判断标准

通过日龄	温馨提示
120 天内	很棒！继续保持。
156 天内	很好！超过了多数同龄孩子。
156 天后	注意！需多练习，赶上发展。
210 天后	警惕！防止发育落后，排除神经系统异常。

5. 抓起细绳　学习捡起细小物品，训练手指精确抓握

拿一些不同颜色的、漂亮的毛线，在孩子面前摇晃，引起孩子伸手去抓毛线；或把毛线放在孩子的手中，让孩子自己玩毛线。看他会不会用手指拨毛线，会不会抓起毛线放进口中咬。

爱心提示

4个月左右的孩子就可以根据物体的大小、形状，决定是用两只手还是用一只手去抓物体，还可以决定用几个手指去抓握，手指打开多大去抓握。所以，要多让孩子抓握不同的物品，做各种手的动作，对孩子的精细运动发育，对物体的大小、形状、质地的认知发展均有促进作用。

扣扣144天，能熟练地捡起细绳、摆弄它、放进口中咬它。

发育时时评　记录孩子点点滴滴的进步

★ 会玩细绳

◆ 发育评价

　　○**通过**　出生日龄_____（天）　　　　○**未通过**

◆ 判断标准

通过日龄	温馨提示
120 天内	很棒！继续保持。
165 天内	很好！超过了多数同龄孩子。
165 天后	注意！需多练习，赶上发展。
240 天后	警惕！防止发育落后，排除神经系统异常。

6. 伸手取第二个玩具 同时使用双手操作物体的练习

方法

先给孩子一个玩具，如一块积木，让孩子拿着积木玩一玩，再给他另一个玩具，如哗铃棒。先在孩子没有拿玩具的手旁摇一摇哗铃棒，引起孩子注意，再鼓励孩子说："拿住哗铃棒"，逗引孩子用另一手去取玩具。

如果孩子能将另一只手伸向哗铃棒，即使没有取到哗铃棒也算成功。以后多加练习，让孩子真正能一手拿一个玩具。

爱心提示

让孩子练习双手抓取玩具，可训练孩子双手操作物体的能力，促进孩子双手协调性的发展。

人由于有一双灵巧的手，才使人和动物有了本质的区别。但是手的灵活并非与生俱来，而是要经历一个相当长的发育和训练才能获得，因此要多和孩子做抓取玩具的游戏。

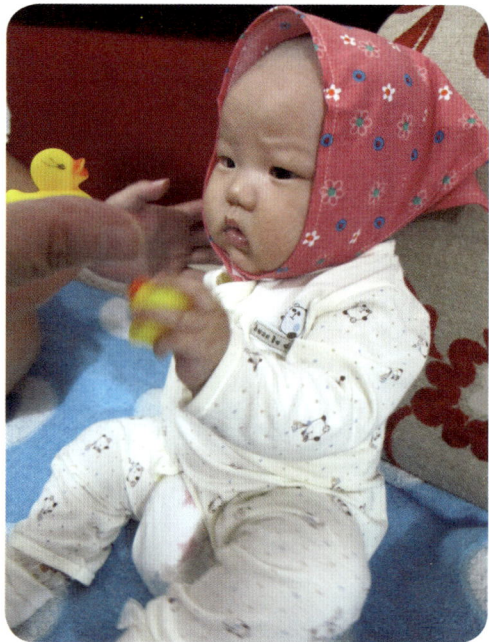

姥姥经常和诗潼玩抓玩具的游戏，96天的她，能伸手拿第二个玩具了。

育儿随心记
记录父母时时刻刻的感受

发育时时评　记录孩子点点滴滴的进步

★ **会去取第二个玩具**

◆ 发育评价

　　○通过　出生日龄_____（天）　　　　○未通过

◆ 判断标准

通过日龄	温馨提示
120 天内	很棒！继续保持。
165 天内	很好！超过了多数同龄孩子。
165 天后	注意！需多练习，赶上发展。
240 天后	警惕！防止发育落后，排除神经系统异常。

第4个月孩子长得怎么样

❋ 发育记录

身长测量　　120 天_____厘米

❋ 身长评价标准

评价结果	男孩（厘米）	女孩（厘米）	温馨提示
○异常	> 70.1	> 68.6	警惕！排除疾病所致的异常增长
○超常	> 67.8	> 66.2	注意！高于 97% 的孩子，监测生长速度
○偏高	> 65.3	> 63.5	很好！高于 75% 的孩子，继续保持
○中等偏上	> 63.9	> 62.1	好！高于 50% 的孩子，继续保持
○中等偏下	≥ 62.5	≥ 60.6	不错！等于或高于 25% 孩子，继续保持
○偏低	< 62.5	< 60.6	注意！低于 25% 的孩子，注意观察
○迟缓	< 60.0	< 58.0	重视！低于 3% 的孩子，进行健康咨询
○落后	< 57.6	< 55.6	警惕！立刻求医，寻找原因

第5个月

（121 ～ 150 天）

孩子能做什么

❀ 仰卧，能自己翻成侧卧；用玩具逗引他，会努力抬头和抬臂想自己坐起。

❀ 俯卧，抬头，胸部离床，体重落在手上。

❀ 扶站，会用手臂夹紧你的手，自我保护，防止摔倒。

❀ 会有意识地抚摸身边的物体。

❀ 会用一只手或者用双手伸向桌上的玩具，并能抓起它；可将手伸向悬吊的玩具，并能触摸到它。

父母能做什么

❀ 多让孩子练习翻身动作；鼓励孩子玩蹬腿、转磨磨、啃脚趾等游戏，发展身体的平衡和运动的协调性。

❀ 让孩子自己独坐一会、扶他站一会，促进独坐和站及行走动作的发育；同时让孩子有更多机会用直立的姿势看世界，促进认知能力发展。

❀ 多让孩子动手抓物，进一步形成视觉与运动觉联合的运动，促进眼 – 手协调能力发展。

❀ 让孩子抓一些较小的东西，如细绳、小豆等，促进孩子由手掌参与抓握到拇指与其他四指相对抓握发育。

❀ 让孩子双手抓物和传物，促进双手协调动作的发育。

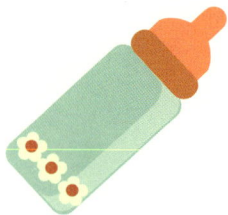

1. 由一手向另一手传递物体　双手的协调性动作的练习

方法

孩子靠坐在你的胸前，把一个玩具先让孩子拿好，再将第 2 个玩具放在孩子拿玩具的手边，叫孩子接玩具。

开始多数孩子会扔掉手中的玩具再去接第 2 个玩具，你要对孩子说："不要扔，传给另一只手，再接"。如果孩子不会，你可拿住孩子的小手，将手中的玩具传到另一手中。

悠悠 137 天，能将手中的玩具左右手传递。

爱心提示

孩子由一手向另一手传递物体，是孩子同时使用双手操作物品能力的发展，可以锻炼孩子双手协同操作及协调性的发展。日常生活中要有意地去训练孩子的这项能力。如玩游戏、吃水果、吃饼干时，让孩子将物品传给其他人，训练孩子传递物体能力。

发育时时评 记录孩子点点滴滴的进步

★ **玩具传手 2 次以上**

◆ 发育评价

○通过　出生日龄＿＿＿＿＿（天）　　　○未通过

◆ 判断标准

通过日龄	温馨提示
120 天内	很棒！继续保持。
168 天内	很好！超过了多数同龄孩子。
168 天后	注意！需多练习，赶上发展。
240 天后	警惕！防止发育落后，排除神经系统异常。

2. 翻身 180°　　大脑对身体控制力和身体协调反应练习

先让孩子练习由仰卧翻成俯卧。让孩子仰卧在床上，用玩具在一边逗引孩子，让他先翻成侧卧位，顺势轻轻推一下孩子背部，让孩子从仰卧位翻成俯卧位翻身 180°。

以后再让孩子练习由俯卧到仰卧。让孩子俯卧在地板上，将玩具放在后面，逗引孩子，孩子就会用手臂支撑身体抬头侧身看玩具，再继续往另一边移动玩具，孩子就能跟随玩具从侧卧翻身成仰卧，翻身 180°。

爱心提示

多让孩子进行翻身练习，你还可将玩具放在远处，引诱孩子翻身前行取玩具。对多数孩子来说，从俯卧翻身成仰卧比从仰卧翻成俯卧更困难。注意从俯卧翻成侧卧位时，帮助孩子把身体下面的手拿到身体前面来，上面的手上举，这样再翻成仰卧位就容易了。

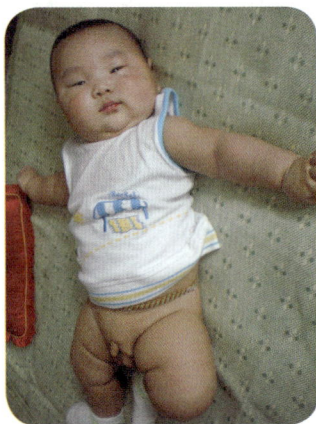

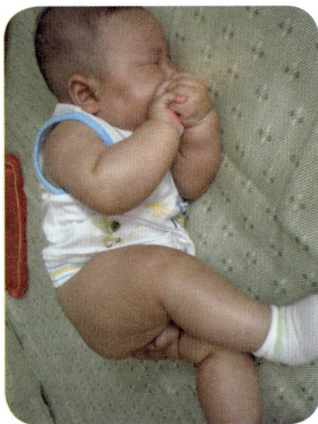

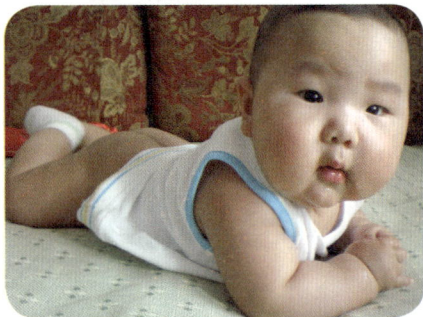

妈妈从狗蛋一出生就开始训练他翻身，126 天的他能自己从仰卧翻身成俯卧，从俯卧翻身成仰卧，翻身 180° 了。

★ 从仰卧翻身 180°成俯卧

◆ 发育评价

○**通过**　出生日龄_____（天）　　　　○**未通过**

◆ 判断标准

通过日龄	温馨提示
120 天内	很棒！继续保持。
168 天内	很好！超过了多数同龄孩子。
168 天后	注意！需多练习，赶上发展。
240 天后	警惕！防止发育落后，排除神经系统异常。

★ 从俯卧翻身 180°成仰卧

◆ 发育评价

○**通过**　出生日龄_____（天）　　　　○**未通过**

◆ 判断标准

通过日龄	温馨提示
132 天内	很棒！继续保持。
162 天内	很好！超过了多数同龄孩子。
162 天后	注意！需多练习，赶上发展。
186 天后	警惕！防止发育落后，排除神经系统异常。

3. 拉大锯　锻炼孩子颈、腰、背和手臂的力量及头部的稳定

让孩子坐在你有腿上，握住孩子的手腕，一边念儿歌，一边向前拉起和向后放下孩子。

拉大锯

拉大锯，拉大锯，姥姥家唱大戏；
你也去，我也去，大家一起去看戏。

爱心提示

开始做"拉大锯"游戏时动作要缓慢，可用手支撑一下孩子的头部。不要一下拉到坐位，可先拉起 75°，再拉至 85°，等孩子颈部有力后再拉成坐位。如果迅速将孩子拉成坐起，体位变换突然，孩子的颈部因支撑不住头部，头部会往前倾。

妈妈在和诗潼做拉大锯的游戏，91 天的她，玩拉大锯游戏时头能保持直立和平衡了，很棒哦！

育儿随心记
记录父母时时刻刻的感受

发育时时评　记录孩子点点滴滴的进步

★ 拉手坐起时头不前倾

◆ 发育评价

　　○通过　出生日龄_____（天）　　　　○未通过

◆ 判断标准

通过日龄	温馨提示
125 天内	很棒！继续保持。
156 天内	很好！超过了多数同龄孩子。
156 天后	注意！需多练习，赶上发展。
186 天后	警惕！防止发育落后，排除神经系统异常。

4. 灵巧地抓取积木块 练习抓握小物体，促进手指功能分化

拿一个小玩具，如积木块放在孩子的面前，反复对孩子："抓起它"，鼓励孩子伸手去抓小物品。

经常拿一些体积较小的物体如积木块、核桃、小西红柿、笔、小木棍等让孩子抓一抓，和孩子玩各种各样抓物游戏，让孩子多动手。

游戏中要观察孩子能否灵巧地、直接地抓起玩具，是一把抓还是用拇指、食指去抓的。

孩子开始学抓握时，动作非常笨拙，先是用小指侧抓握，再发展到用拇指侧抓握；先是拇指与其他4指相对抓握，再是拇指对与食指相对抓物；从一把抓到拇指与食指相对钳夹，手的动作变得越来越灵活。

孩子动手越多，拇指与食指钳夹动作就发展得越好，精细动作能得到了充分地发展，孩子才会心灵手巧。

乐乐正在玩抓玩具的游戏。

发育时时评　记录孩子点点滴滴的进步

★ 用拇指与其他四指灵巧而直接地拾起积木块

◆ 发育评价

　　○通过　出生日龄_____（天）　　　　○未通过

◆ 判断标准

通过日龄	温馨提示
150 天内	很棒！继续保持。
177 天内	很好！超过了多数同龄孩子。
177 天后	注意！需多练习，赶上发展。
240 天后	警惕！防止发育落后，排除神经系统异常。

5. 独坐片刻　促进大脑对身体协调反应

方法

让孩子靠坐在沙发上或用枕头支撑孩子的背部让孩子坐着玩耍，当孩子玩得高兴时，稍稍地拿走枕头让孩子独坐片刻。或将孩子放在桌子上，将孩子的两腿拉直，分开50°，放手让孩子独坐一会。

爱心提示

多数孩子在5个月扶腰能坐，不扶时只能独坐片刻；多数情况下背部弯曲。多数孩子6个半月后独坐时协调较好，可直腰独坐；扭身、自由玩耍。但此月孩子颈、背肌肉的发育还不太强壮，不能让孩子长时间处坐位，随着孩子月龄增长，再逐渐增加时间。

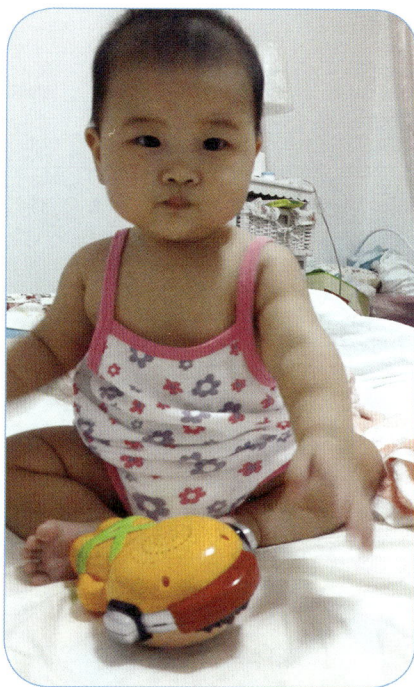

艺艺185天，独坐，背能伸直，双手能自由活动和转身，发育很好哦！

育儿随心记
记录父母时时刻刻的感受

发育时时评　记录孩子点点滴滴的进步

✱ 能独自坐稳，无需支持、挺直背部独坐 30 秒以上

◆ 发育评价

　　○**通过**　出生日龄_____（天）　　　　○**未通过**

◆ 判断标准

通过日龄	温馨提示
150 天内	很棒！继续保持。
186 天内	很好！超过了多数同龄孩子。
186 天后	注意！需多练习，赶上发展。
240 天后	警惕！防止发育落后，排除神经系统异常。

6. 扶腋下向前跨步　练习迈步，促进小脑平衡能力的发育

方法

让孩子俯卧在地板上，双手从孩子腋下穿过，让孩子面向前站立。先向前移动右手，带动孩子的右腿向前移动，再移动左手，带动孩子的左脚向前移动。几次练习后，让孩子自己向前跨步，推动自己向前行进。

爱心提示

孩子最喜欢站立了，这让孩子的视野更加宽广，他能够看到更多的事物，对孩子的认知能力发展也有促进作用。此时孩子腿部力量增强，能支撑身体的重量了。扶孩子站立，他的脚能一蹬一蹬地跳跃，并尝试着跨步，推动自己前进。但开始不宜让孩子站立时间过长。

皮皮 172 天，在奶奶扶持下向前跨步，非常棒哦！

发育时时评　记录孩子点点滴滴的进步

★ 扶腋下站立，能跨步推进自己前进

　◆ 发育评价

　　　○通过　出生日龄_____（天）　　　　○未通过

　◆ 判断标准

通过日龄	温馨提示
150 天内	很棒！继续保持。
210 天内	很好！超过了多数同龄孩子。
210 天后	注意！需多练习，赶上发展。
300 天后	警惕！防止发育落后，排除神经系统异常。

第 5 个月 孩子长得怎么样

❈ 发育记录

身长测量　　150 天 _____ 厘米

❈ 身长评价标准

评价结果	男孩（厘米）	女孩（厘米）	温馨提示
○异常	> 72.2	> 70.7	警惕！排除疾病所致的异常增长
○超常	> 69.9	> 68.2	注意！高于 97% 的孩子，监测生长速度
○偏高	> 67.3	> 65.5	很好！高于 75% 的孩子，继续保持
○中等偏上	> 65.9	> 64.0	好！高于 50% 的孩子，继续保持
○中等偏下	≥ 64.5	≥ 62.5	不错！等于或高于 25% 的孩子，继续保持
○偏低	< 64.5	< 62.5	注意！低于 25% 的孩子，注意观察
○迟缓	< 61.9	< 59.9	重视！低于 3% 的孩子，进行健康咨询
○落后	< 59.6	< 57.4	警惕！立刻求医，寻找原因

第 6 个月

（151 ~ 180 天）

🌸 孩子能做什么

🌼 仰卧，拉手能坐起，头不前倾；仰卧，腿能抬 90°以上。

🌼 俯卧，能翻身 180°到仰卧。

🌼 能独坐 30 秒以上。

🌼 能灵巧而直接地拾起方木等小玩具。

🌼 会伸手取第 2 个玩具；两手各拿起一个玩具；由一只手向另一只手传递物品。

🌼 玩摇铃时能自由地旋转腕关节。

🌸 父母能做什么

🌼 把玩具、食物等物品放在远处，鼓励孩子以匍匐、手膝、手足爬等方式移动身体去够取，训练孩子的爬行动作，激发孩子的探索能力。

🌼 让孩子拉着你的手指牵拉自己站起，训练孩子身体的协调和平衡能力。

🌼 给孩子花生、豆豆等小物品玩，让孩子练习用手去舀、去掏、去抠，拇、食指去钳夹，训练手指的灵活运用；但需防止孩子食入和将小物品塞入身体内。

🌼 让孩子自己从各种容器中取饼干等食物吃，练习抓握，眼－手－口的协调动作。

🌼 给孩子双手取物、拿多个物品、物品传手、对敲物品的机会，练习双手操作物品及协调动作的能力。

怎么和孩子玩

1. 拉手站起　依靠自己的力量改变自己的体位

方法

让孩子仰卧，你将手指伸给孩子，告诉孩子："抓住我的手，起身。"让孩子借助你手指的支撑，牵拉自己站起来。如果孩子还不能拉你的手站起，你也可以先抓住孩子的手拉起他。

爱心提示

孩子的身体从平卧到直立，需要腿、腰、头颈的支撑力，还需要身体的平衡反应的参与。什么是身体的平衡反应呢？通俗地说，当我们的身体运动时，身体的重心就会发生变化，我们的视觉、听觉、触觉及位于肌肉、肌腱、关节上的本体感觉和运动系统都会对大脑发出信号，告诉我们的大脑，身体姿势变化了，大脑皮层组织就会对身体的肌张力和四肢的动作发出调节的指令，使身体各部位位置发生改变，最后维持身体的正常姿势，这就是身体的平衡反应。身体的平衡能力决定了运动能力的强弱。如果你期望孩子成为运动健将，就要尽早开始孩子平衡能力的训练。

爸爸正在和悠悠玩拉手站起的游戏。

发育时时评　记录孩子点点滴滴的进步

✳ 借助你的支撑，牵手能自己站起

◆ 发育评价

　　○通过　出生日龄_____（天）　　　○未通过

◆ 判断标准

通过日龄	温馨提示
150 天内	很棒！继续保持。
225 天内	很好！超过了多数同龄孩子。
225 天后	注意！需多练习，赶上发展。
360 天后	警惕！防止发育落后，排除神经系统异常。

2. 自己移动身体行进　够取远处的物品，探索更远的世界

方法

让孩子俯卧或坐在地垫上，把孩子喜欢的玩具放在离他 25 厘米处，孩子够不到的地方，并一边摇晃玩具，一边说"过来抓住它"，逗引孩子来抓玩具。看孩子以什么样的方式移动身体来抓玩具。

爱心提示

在学会走路前孩子会采取多种多样的方式去抓取远处的物体。有的孩子此时会以腹部支撑身体匍匐前进；有的孩子可能以手掌、膝关节支撑自己向前爬；孩子还会以手掌、足部支撑自己，像四只脚的动物一样爬行；如果此时孩子会独坐了，他还会用半边屁股移动向前。不管孩子用何种方式向前行进都可以，你要给予表扬和鼓励。

凡凡158天，能手膝爬行，这项动作发育很好哦！

发育时时评　记录孩子点点滴滴的进步

✹ 以各种方式前行 23 厘米以上

◆ **发育评价**

　　○通过　出生日龄_____（天）　　　○未通过

◆ **判断标准**

通过日龄	温馨提示
150 天内	很棒！继续保持。
228 天内	很好！超过了多数同龄孩子。
228 天后	注意！需多练习，赶上发展。
330 天后	警惕！防止发育落后，排除神经系统异常。

3. 瓶中取物放物，练习手指的多种功能

方法

拿一个大口径的杯子（筐、碗、罐头瓶均可），放一些积木、乒乓球、小动物玩具等入内，再从杯中将玩具取出，放在一边，让孩子模仿。

让孩子自己将各种物品放入盒、碗、罐中，再自己取出来。

爱心提示

此时孩子喜欢用手去探索所有见到的东西，开始练习操作物体的动作。孩子开始练习用一只手固定容器，另一只手将容器中的物体拿出来或放进去，双手协调动作的能力开始发育。

波波 186 天，正将小物品放入瓶中再取出来。

发育时时评　记录孩子点点滴滴的进步

★ **能从筐内、杯中取物**

◆ 发育评价

　　○**通过**　出生日龄_____（天）　　　　○**未通过**

◆ 判断标准

通过日龄	温馨提示
180 天内	很棒！继续保持。
195 天内	很好！超过了多数同龄孩子。
195 天后	注意！需多练习，赶上发展。
225 天后	警惕！防止发育落后，排除神经系统异常。

4. 站一站、跳一跳　下肢力量的展示，为行走打基础

方法

抱起孩子，双手扶孩子的腋窝，面对面托起孩子，让孩子站在你的腿上或光着脚在地面上、桌子上站一站、跳一跳。一边跳一边说童谣或儿歌。

> **站一站、跳一跳**
>
> 好孩子，跳一跳，跳得高，摘个桃；
>
> 蹦一蹦，跳一跳，跳得高，跳得好。

爱心提示

孩子立位姿势运动发育主要有9个阶段，1~2个月扶孩子腋下，让孩子站立，有踏步反射，腿部还不能支撑身体的重量；3~4个月腿能短暂地支撑身体重量；5~6个月双腿可跳跃，此时可以玩站一站、跳一跳及跨步游戏；7个月孩子能自己扶物，腿能支撑体重；8个月能扶物坐下和蹲下；9~10个月独站，牵手走；11~12个月能扶物站立，抬起一只脚；12~18个月能放手走稳。

在此月和孩子玩站一站的游戏时，你的手还需要多用一点力支撑孩子，孩子脚的力量增强后再让他自己蹦蹦跳跳。

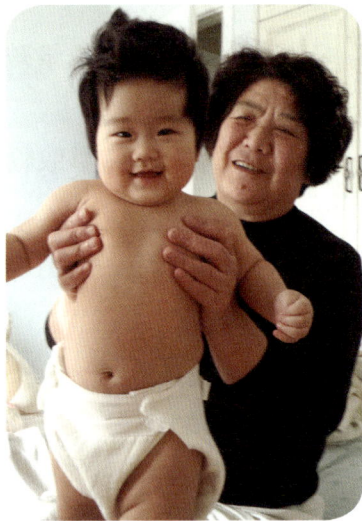

悠悠206天，最喜欢姥姥每天和她玩站一站、跳一跳的游戏。

发育时时评 记录孩子点点滴滴的进步

★ **扶腋下站立，两腿可跳动**

◆ 发育评价

　　○通过　出生日龄_____（天）　　　　○未通过

◆ 判断标准

通过日龄	温馨提示
180 天内	很棒！继续保持。
210 天内	很好！超过了多数同龄孩子。
210 天后	注意！需多练习，赶上发展。
225 天后	警惕！防止发育落后，排除神经系统异常。

5. 抓豆豆　促进用手指抓取物体的能力发育

找一些豆类大小的物体，如五颜六色的巧克力糖丸、花生粒、莲子等。抱起孩子坐在桌子前，把糖丸放在桌面上，用手敲打糖丸附近的桌面，或者用手弹一弹糖丸，让它来回滚动，引起孩子注意，鼓励孩子伸手去拨、去拾起糖丸。观察孩子是否能将手伸向糖丸努力去拾起它，是怎样捡起小糖丸的。

爱心提示

此月让孩子练习用大拇指与食指相对捏取一些更小的物体，做一些更加精细的动作，如抓花生、小豆、小糖丸等，孩子手的动作会越来越灵巧，但这不是与生俱来的，需要经过长期的发育和练习，促进精细动作的良好发展。这也是婴幼儿早期教育的重要内容之一。但要防止孩子将小物体放入口中引起窒息，游戏前后要一粒一粒数清收好。

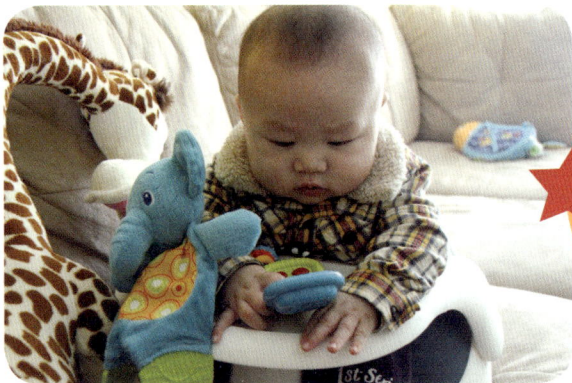

纤纤 144 天，可用拇指与其他四指笨拙地钳夹小糖丸。

育儿随心记
记录父母时时刻刻的感受

发育时时评　记录孩子点点滴滴的进步

★ 拇指与其他四指笨拙地钳夹豆类物品

◆ 发育评价

　　○通过　出生日龄_____（天）　　　　○未通过

◆ 判断标准

通过日龄	温馨提示
180 天内	很棒！继续保持。
228 天内	很好！超过了多数同龄孩子。
228 天后	注意！需多练习，赶上发展。
270 天后	警惕！防止发育落后，排除神经系统异常。

6. 对对碰　练习双手在身体的中线做动作，促进双手的协调性发育

给孩子两把勺子、两根筷子或木棍，你先示范用勺子对敲，互相碰击，发出声音，让孩子模仿你这样做。如果孩子不会，可扶着孩子的两只手做对敲动作。你也可和孩子面对面坐好，放录音或唱儿歌或童谣。你挥舞木棍，跟着节奏打拍子。

开始游戏时孩子双手协调性较差，两只勺常常不能碰在一起，要多练习才能做得好。一旦两只勺碰撞发出声音，孩子会很高兴。此时孩子喜欢抓住任何物品都玩一玩对对碰，你不要禁止他。但要防止木棍扎伤孩子，游戏后要及时收走。

仁仁 242 天，正模仿妈妈做对敲游戏。

育儿随心记　记录父母时时刻刻的感受

发育时时评　记录孩子点点滴滴的进步

✹ **让手中的两个物体在胸前相碰**

◆ 发育评价

　　○**通过**　出生日龄_____（天）　　　　○**未通过**

◆ 判断标准

通过日龄	温馨提示
180 天内	很棒！继续保持。
249 天内	很好！超过了多数同龄孩子。
249 天后	注意！需多练习，赶上发展。
360 天后	警惕！防止发育落后，排除神经系统异常。

第6个月 孩子长得怎么样

✿ 发育记录

身长测量　　180 天＿＿＿＿厘米

✿ 身长评价标准

评价结果	男孩（厘米）	女孩（厘米）	温馨提示
○异常	> 74.0	> 72.5	警惕！排除疾病所致的异常增长
○超常	> 71.6	> 70.0	注意！高于 97% 的孩子，监测生长速度
○偏高	> 69.1	> 67.3	很好！高于 75% 的孩子，继续保持
○中等偏上	> 67.6	> 65.7	好！高于 50% 的孩子，继续保持
○中等偏下	≥ 66.2	≥ 64.2	不错！等于或高于 25% 的孩子，继续保持
○偏低	< 66.2	< 64.2	注意！低于 25% 的孩子，注意观察
○迟缓	< 63.6	< 61.5	重视！低于 3% 的孩子，进行健康咨询
○落后	< 61.2	< 58.9	警惕！立刻求医，寻找原因

第 7 个月

（181 ～ 210 天）

孩子能做什么

🌸 独坐，稳定，双手能玩玩具，转身不倒。

🌸 扶腋下站立，两腿能跳动。

🌸 能用手掌舀起小糖丸。

🌸 能用拇指和其他四指抓取方木和小豆豆。

父母能做什么

🌸 每天和孩子做主动操，发展身体运动及协调能力，从小培养孩子爱好运动的习惯。

🌸 不要总抱着孩子，多让他自己玩耍。

🌸 引导孩子多爬行、翻身、扶物站起，练习身体运动及协调能力。

🌸 每天扶着孩子走一走，开始早期迈步练习。

🌸 多让孩子抓豆类物品，练习用拇指和示指灵巧地钳夹小物品的能力。

🌸 教孩子拍手动作，练习双手在身体的中线做动作，促进双手协调动作的发育。

婴儿主动操

方法

第一节　仰卧起坐

准备：让孩子仰卧，轻握孩子手腕。

第 1 拍：坐起，拉起孩子两臂使孩子坐起。

第 2 拍：躺下，还原成仰卧位。

第 3、4 拍：同 1、2 拍。

🌼 第 5 拍：右坐起，拉孩子右手坐起。

🌼 第 6 拍：躺下，还原成仰卧位。

第 7 拍：左坐起，拉孩子左手坐起。

第 8 拍：躺下，还原成仰卧位。

共两个 8 拍。

第二节 托腰运动

准备：让孩子仰卧，用右手托住孩子腰部，左手按住孩子双足踝部关节。

第 1 拍：拱腰，托起腰部，使孩子腹部挺起呈桥形。

第 2 拍：躺下，还原成仰卧位。

共两个 8 拍，第 2 个 4 拍换左手托住孩子腰部。

第三节 提腿运动

准备：让孩子俯卧，使孩子两肘关节屈曲，放在身体前面，妈妈双手握住孩子的两只小腿。

第 1 拍：抬腿，提起孩子的双腿约 30°。

第 2 拍：放下，还原成俯卧位。

共两个 8 拍。

第四节　起立运动

准备：让孩子俯卧，轻握孩子手腕。

第 1 拍：跪，扶孩子跪下。

第 2 拍：站，扶孩子站立。

第 3 拍：跪，扶孩子跪下。

第 4 拍：趴下，还原成俯卧位。
共两个 8 拍。

第五节　弯腰运动

准备：让孩子面向前站立，妈妈站在孩子身后，左手抱住孩子双膝，右手扶住孩子腹部。

第 1 拍：弯腰，妈妈使孩子尽量弯腰，手触地。

第 2 拍：站起，妈妈站立使孩子还原成站立位。

共两个 8 拍。

第六节　踏步、扶走运动

准备：让孩子面向前站立，妈妈站在孩子身后，双手扶住孩子腋下、前臂或手腕。

第 1 拍：右，抬高右手，让孩子抬右腿。

第 2 拍：左，抬高左手，让孩子抬左腿。

第 3、4 拍同 1、2 拍。

共两个 8 拍。

第七节　下蹲运动

准备：与孩子面对面站立，双手扶孩子腋下。

第 1 拍：蹲下，双手往下用力使孩子蹲下。

第 2 拍：站起，双手往上用力使孩子还原成站位。

共两个 8 拍。

第八节　跳跃运动

准备：与孩子面对面站立，双手扶孩子腋下。

第 1 拍：跳起，双手往上用力使孩子双腿跳起离开床面。

第 2 拍：落下，放下孩子还原成站位。

共两个 8 拍。

爱心提示

孩子 7 个月时运动能力增强了，能有意识地进行一些运动，可以和妈妈一起做上面的主动操。一边数拍子一边做动作，一边做操一边放孩子喜欢的音乐，可促进孩子多种能力的发育。最好能坚持每天早晚做一次操。

1. 翻滚 360° 　肢体运动协调性练习，和孩子一起享受欢乐时光

方法

把玩具放在远处，让孩子连续翻滚 360°去抓取。经常和孩子一起在家中的地毯上、室外的草坪上做翻滚动作。

爱心提示

翻滚动作可以提高孩子身体的协调性和身体平衡能力。平衡反应是神经系统发育的高级阶段。平衡反应在出生后不久就出现了，由于平衡反应能力的存在，使孩子能够抬头、翻身、坐稳、爬行、站立和行走及进行各种各样的运动项目。平衡反应只有在运动中才能逐渐发展、完善和形成。如果你希望孩子在体育运动方面有所发展，就要让孩子从小开始多运动。

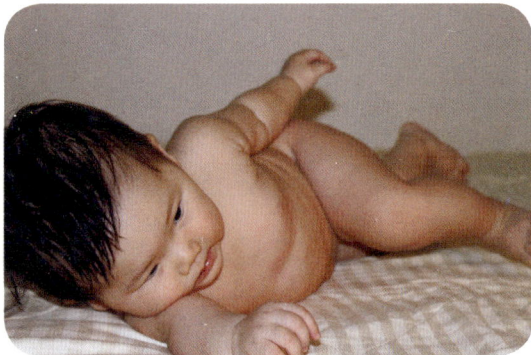

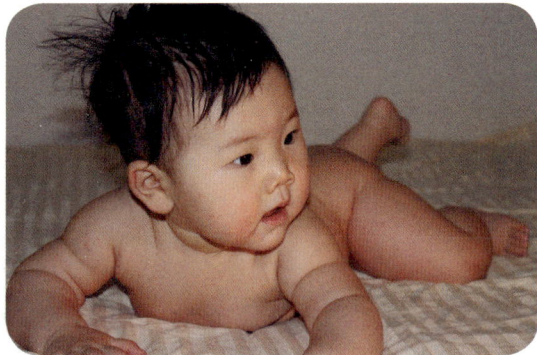

扣扣 210 天，正在床上做翻滚动作。

发育时时评　记录孩子点点滴滴的进步

★ 翻身 360°，从仰卧到俯卧再到仰卧

◆ 发育评价

　　○通过　出生日龄_____（天）　　　　○未通过

◆ 判断标准

通过日龄	温馨提示
205 天内	很棒！继续保持。
225 天内	很好！超过了多数同龄孩子。
225 天后	注意！需多练习，赶上发展。
255 天后	警惕！防止发育落后，排除神经系统异常。

2. 牵双手学跨步　协调地跨步动作练习，为行走做准备

最早在孩子5个月时，扶住孩子的腋下，孩子能跨步推动自己向前了，多数孩子在这个月要能做到扶腋下前行。

当你扶着孩子的腋下感觉孩子"走"得比较稳时，可改为握住孩子的双手、给予他较轻的扶持，让孩子双腿协调地、交替跨步行走。

注意如果孩子还不能协调地向前迈步，不要强行地拉着孩子往前走，以免拉伤孩子的手臂。"牵手走"只是让孩子练习迈步，离孩子独立行走还为时过早。不要急于放手让孩子独立行走。要让孩子多练习"牵手走"，慢慢增加孩子双腿的力量、身体的协调性和平衡能力，才能让孩子独走。需要注意的是，如果孩子7个月后不迈步，或迈步不正常，不负重，足跟不能着地；迈步时两腿交叉，呈剪刀步；左足内翻等运动异常，要警惕脑瘫表现，最好尽早到医院小儿神经科进行检查。

仁仁242天，正在练习跨步。

发育时时评　记录孩子点点滴滴的进步

★ 牵双手能协调地交替跨步

◆ 发育评价

○通过　出生日龄_____（天）　　　　○未通过

◆ 判断标准

通过日龄	温馨提示
210 天内	很棒！继续保持。
255 天内	很好！超过了多数同龄孩子。
255 天后	注意！需多练习，赶上发展。
330 天后	警惕！防止发育落后，排除神经系统异常。

3. 自己扶物站起　腿部力量和行走能力锻炼，自我能力的展示

方法

观察孩子玩耍时能否自己扶着沙发、床栏自己站起。如不能，你可让孩子坐在地板上，然后用玩具逗引孩子，让孩子自己爬或挪动身子到沙发旁，再扶着沙发站起。

爱心提示

孩子坐稳当后，他的动作就开始向竖立发展。此时孩子喜欢站立，多让孩子练习在支撑物的帮助下站起的动作。

（1）坐位变蹲位　　　　（2）从蹲位变跪位　　　　（3）从跪位变站立位

皮皮满 7 个后就能自己扶物站起了，妈妈拍下了 261 天的皮皮从坐位到站位的整个过程。

发育时时评　记录孩子点点滴滴的进步

✱ 借助家具站起

◆ 发育评价

　　○通过　出生日龄_____（天）　　　　○未通过

◆ 判断标准

通过日龄	温馨提示
210 天内	很棒！继续保持。
258 天内	很好！超过了多数同龄孩子。
258 天后	注意！需多练习，赶上发展。
360 天后	警惕！防止发育落后，排除神经系统异常。

4. 拇、食指精细地捡小物品　　抓握动作及眼－手协调练习

买一袋入口即化的、花生粒大小的小馒头或爆米花，在桌面上画一个圈，让孩子用手指把这些小食物拨进圈中；鼓励孩子抓起小馒头放入口中。观察孩子是否用拇指和食指灵巧钳起它们。

如果孩子不会，你可以用食指和拇指钳住这些小食品，一粒一粒地捡起来放入碗中，示范给孩子看。一边玩你可一边给孩子念儿歌。

小馒头

小馒头，圆滚滚，宝宝吃了，真高兴。

小馒头，圆又圆，宝宝吃了，白又壮。

爆米花

噼啪、噼啪，爆米花，一朵一朵像棉花；

噼啪、噼啪，爆米花，一颗玉米一朵花；

两颗玉米两朵花，很多玉米很多花。

孩子最早在6个月能笨拙地（用拇指与其他手指）去捡小豆豆了。在这个月，有的孩子可用拇、食指灵巧地钳夹小豆豆。如果孩子不会，不要去纠正他，让他多练习就好。注意防止孩子将小粒物品塞入鼻孔和耳道内。

萌哲 247 天，正在用拇指和食指相对抓着食物吃。

发育时时评　记录孩子点点滴滴的进步

★ 拇、食指相对，灵巧地钳夹小豆豆

◆ 发育评价

　　○**通过**　出生日龄_____（天）　　　　○**未通过**

◆ 判断标准

通过日龄	温馨提示
210 天内	很棒！继续保持。
267 天内	很好！超过了多数同龄孩子。
267 天后	注意！需多练习，赶上发展。
360 天后	警惕！防止发育落后，排除神经系统异常。

5. 拍拍手 两手在身体中线相碰动作练习，双手协调性发育的促进

和孩子面对面坐好，你一边拍手一边念儿歌，让孩子模仿你拍手。如果孩子不会，可握住他的两只小手在胸前相碰对拍。

拍拍手

拍拍手，点点头，敬个礼，握握手。
拍拍手，点点头，笑嘻嘻，好朋友。

逗引孩子拍手是每个家长都喜欢做的事。如果你的孩子拍手动作晚，不要担心，孩子能做拍手动作的年龄与训练多少有关。只要多练习孩子就能赶上发展。但如果经常练习，孩子1岁时仍不能做拍手动作，提示有神经系统损伤的可能，最好带孩子去医院小儿神经科查明原因。

皮皮 245 天，妈妈正在和他玩随儿歌做拍手的动作。

发育时时评　记录孩子点点滴滴的进步

★ 自己会做拍手动作

◆ 发育评价

○通过　出生日龄＿＿＿＿＿（天）　　　　○未通过

◆ 判断标准

通过日龄	温馨提示
210 天内	很棒！继续保持。
288 天内	很好！超过了多数同龄孩子。
288 天后	注意！需多练习，赶上发展。
360 天后	警惕！防止发育落后，排除神经系统异常。

第 7 个月 孩子长得怎么样

❋ 发育记录

身长测量　　210 天_____厘米

❋ 身长评价标准

评价结果	男孩（厘米）	女孩（厘米）	温馨提示
○异常	> 75.7	> 74.2	警惕！排除疾病所致的异常增长
○超常	> 73.2	> 71.6	注意！高于97%的孩子，监测生长速度
○偏高	> 70.6	> 68.8	很好！高于75%的孩子，继续保持
○中等偏上	> 69.2	> 67.3	好！高于50%的孩子，继续保持
○中等偏下	≥ 67.7	≥ 65.7	不错！等于或高于25%的孩子，继续保持
○偏低	< 67.7	< 65.7	注意！低于25%的孩子，注意观察
○迟缓	< 65.1	< 62.9	重视！低于3%的孩子，进行健康咨询
○落后	< 62.7	< 60.3	警惕！立刻求医，寻找原因

第 8 个月

（211 ～ 240 天）

孩子能做什么

- 扶孩子站立，能跨步，推动自己向前。
- 借助大人的拇指，能牵拉自己站起；手扶、胸靠栏能站稳。
- 能以匍匐、手膝、手足爬及其他方式移动自己的身体去够远处的物品。
- 能翻滚 360°。
- 可用拇指和示指相对笨拙地抓起小豆豆，手可抬起离开桌面。

父母能做什么

- 给孩子练习坐下、下蹲、靠物站及独站的机会，锻炼孩子的腿部力量和运动协调能力。
- 让孩子多做爬行、翻滚练习，预防感觉统合失调。
- 鼓励孩子扶栏走，练习协调地跨步和行走动作。
- 让孩子把抓起的小物品再投入容器中，训练眼－手协调动作和手臂运动的控制能力。
- 让孩子握笔涂鸦，练习手操作物体的动作。

怎么和孩子玩

1. 学坐下　改变体位，腿部力量和运动协调能力的练习

方法

让孩子坐在小凳上，你站在孩子的对面，拉孩子站立，再坐下，反复进行。当孩子扶物站立时，在孩子身边放一个小板凳，告诉坐下。

爱心提示

孩子掌握坐下的动作要比站起动作困难得多。从站立到坐下，孩子要掌握降低身体位置、弯曲膝盖的动作。最初孩子控制不住自己的动作，会重重地坐在凳上，你可告诉孩子，先将一只手放在板凳上，支撑自己的身体，再轻轻地坐下来。

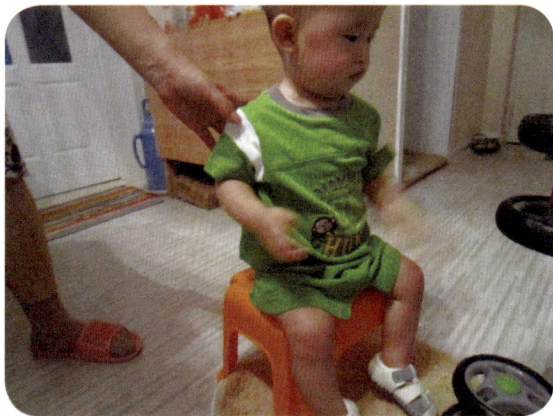

妈妈正让萌哲练习坐下。

育儿随心记
记录父母时时刻刻的感受

发育时时评　记录孩子点点滴滴的进步

★ 扶物坐下

◆ 发育评价

○**通过**　出生日龄_____（天）　　　　○**未通过**

◆ 判断标准

通过日龄	温馨提示
210 天内	很棒！继续保持。
294 天内	很好！超过了多数同龄孩子。
294 天后	注意！需多练习，赶上发展。
360 天后	警惕！防止发育落后，排除神经系统异常。

2. 扶物蹲下　改变体位，身体平衡性及协调性练习

牵着孩子的两只手和孩子一起蹲下一起站起，反复进行。也可在孩子扶着沙发、床栏站立玩耍时，把玩具放在孩子的脚下，引诱孩子，让他扶着物体蹲下来玩玩具。如果孩子不会，爸爸妈妈可蹲在孩子身旁，让孩子模仿下蹲。

刚学下蹲时孩子可能蹲不稳，可能会向后倒，你要让他的臀部靠着沙发，最好站在孩子的后面保护孩子。

扣扣 233 天，正在蹲下捡物和玩雪。

126

发育时时评　记录孩子点点滴滴的进步

✱ 扶物蹲下

◆ **发育评价**

　　○**通过**　出生日龄＿＿＿＿＿（天）　　　　○**未通过**

◆ **判断标准**

通过日龄	温馨提示
210 天内	很棒！继续保持。
294 天内	很好！超过了多数同龄孩子。
294 天后	注意！需多练习，赶上发展。
360 天后	警惕！防止发育落后，排除神经系统异常。

3. 扶栏走　自主地、协调地跨步和行走的初步尝试，增加身体动作的协调和平衡性

方法

让孩子站在沙发的一边，你在另一边用玩具和说话逗引孩子，让孩子扶着沙发慢慢地走向你。

爱心提示

如果孩子还不敢扶物走，你要想一想是否没有给孩子练习的机会。从现在起，你要把孩子需要的东西放远一点，让孩子扶着沙发走过来取东西，还要多给孩子鼓励，为孩子的每一点进步而拍手叫好。你的鼓励就是孩子练习行走的动力之一。

皮皮 285 天，正一手扶着沙发行走。

育儿随心记　记录父母时时刻刻的感受

发育时时评　记录孩子点点滴滴的进步

✱ 单手扶家具能行走

◆ 发育评价

　　○通过　出生日龄＿＿＿＿＿（天）　　　　○未通过

◆ 判断标准

通过日龄	温馨提示
240 天内	很棒！继续保持。
300 天内	很好！超过了多数同龄孩子。
300 天后	注意！需多练习，赶上发展。
13 个月后	警惕！防止发育落后，排除神经系统异常。

4. 模仿爬行　爬行能力和身体运动的协调性训练

带孩子去有会爬行孩子的朋友家，或儿童公园、亲子课堂中，让孩子看别的小朋友在周围爬来爬去，模仿爬行。

如果你的孩子在这个月还不会爬，要引起注意了，多给孩子创造爬行的机会。不要把玩具、食物等放在孩子手中，应放在孩子伸手不能够着的地方，让他自己移动身体、爬过来抓取玩具。

国外研究资料表明，孩子最早可在第6个月就能以各种方式爬行。但国内资料显示，孩子能俯卧匍匐爬行，手腹支撑体重的最早时间为7个半月，多数要在8个半月后，说明国内孩子爬行方面发育相对落后，这与孩子练习时间不够相关。

如果你的孩子还不能爬行，此月要增加练习了。孩子不经过爬行就直接会走了，这不是说孩子有异常表现；但非常遗憾的是，爬行可促进大脑对肢体的控制能力及肢体协调运动能力，并能完善感觉统合能力，预防感觉统合失调，所以让孩子掌握爬行的技巧是有很多好处的。

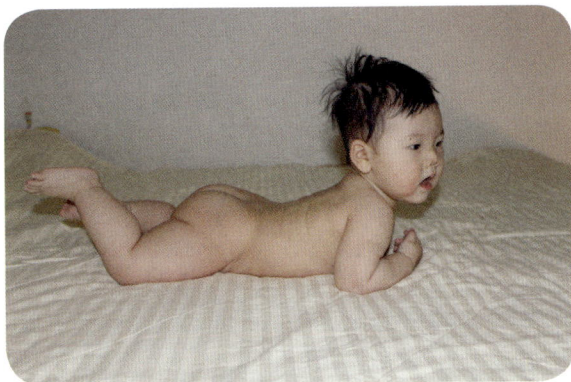

扣扣 205 天，正在匍匐爬行。

发育时时评　记录孩子点点滴滴的进步

★ 匍匐爬行，能手腹支撑体重

◆ 发育评价

○通过　出生日龄_____（天）　　　　○未通过

◆ 判断标准

通过日龄	温馨提示
225 天内	很棒！继续保持。
255 天内	很好！超过了多数同龄孩子。
255 天后	注意！需多练习，赶上发展。
285 天后	警惕！防止发育落后，排除神经系统异常。

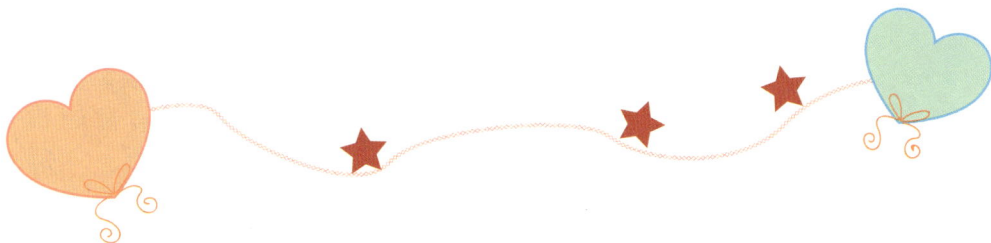

家瑞 300 天，正在手膝爬行。

✱ 手膝爬行

◆ 发育评价

○**通过**　出生日龄＿＿＿＿＿（天）　　　　○**未通过**

◆ 判断标准

通过日龄	温馨提示
252 天内	很棒！继续保持。
315 天内	很好！超过了多数同龄孩子。
315 天后	注意！需多练习，赶上发展。
575 天后	警惕！防止发育落后，排除神经系统异常。

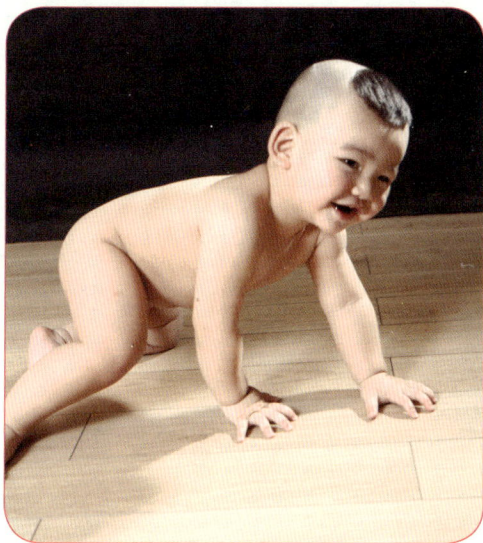

皮皮一岁，正在手足爬行。

✿ 手足爬行

◆ 发育评价

○**通过**　出生日龄_____（天）　　　　○**未通过**

◆ 判断标准

通过日龄	温馨提示
270 天内	很棒！继续保持。
366 天内	很好！超过了多数同龄孩子。
366 天后	注意！需多练习，赶上发展。
13 个半月后	警惕！防止发育落后，排除神经系统异常。

5. 拿笔画痕迹　手指抓握动作练习，模仿涂鸦

为孩子准备一套儿童专用的画画用具，给孩子一支油画棒，一张纸。你先要兴高采烈地拿笔在纸上随意画点、线、圆或小动物等内容，并一边画一边告诉孩子你在画什么，引起孩子注意你，激发他模仿你握笔画画的兴趣。以后每天定时让孩子拿笔玩"画画"游戏。

爱心提示

当孩子刚拿笔时，会采用手掌一把抓的握笔姿势。你要观察他握笔方法是否正确，姿势若还不正确，你要先耐心地给他示范正确的握笔方法。有的孩子很早就会握笔乱画，有的孩子很晚也没有以上行为，爸爸妈妈可能很担心"我的孩子怎么现在还不会'画画'，是不是没有绘画天赋？"其实孩子开始涂鸦的早晚，与他有无绘画天赋关系不大。孩子涂鸦更多是一种探索行为，并非真正意义上的"画画"。但多练习"画画"，可促进精细动作的发展，激发孩子的想象力和认知能力。

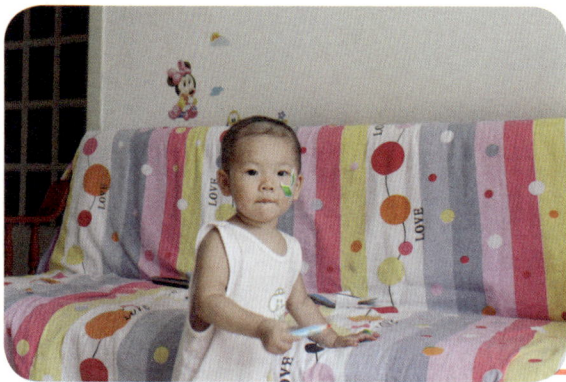

扣扣 8 个月开始对画笔很感兴趣。

发育时时评　记录孩子点点滴滴的进步

★ 拿笔努力往纸上画出痕迹

◆ 发育评价

　　○通过　出生日龄_____（天）　　　　○未通过

◆ 判断标准

通过日龄	温馨提示
240 天内	很棒！继续保持。
321 天内	很好！超过了多数同龄孩子。
321 天后	注意！需多练习，赶上发展。
15 个月后	警惕！防止发育落后，排除神经系统异常。

6. 独站一会　腿部力量锻炼，胆量和勇气的养成

方法

拉着孩子的手，对孩子说："站一站"，当孩子站稳后再慢慢放手，让他独站一会儿，当孩子快要倒时尽快抱住孩子。

以后可和孩子做拉手、放手游戏。拉着孩子的手站好，然后一边说："放手、拉手"，或说"拉手、放手、拍手"，也可放手做击掌、指鼻子等动作。尽可能丰富游戏内容，活泼有趣。

爱心提示

练习独站对孩子来说是一个新的挑战，每个孩子的个性不同，有的胆大，有的胆小，有的孩子开始会因为害怕不愿意站立，你放手后他会大哭，如果这样，要暂时放弃让孩子独站的练习，可让孩子继续练习靠物站立的游戏。以后你要想办法让孩子多做独站的游戏，增加孩子双腿的力量及独站的胆量和勇气。

诗潼330天，姥姥正在放手让她独站一会，在她240天时，已经能站立3秒钟了，现在她能独立站1分钟以上了。

育儿随心记
记录父母时时刻刻的感受

发育时时评　记录孩子点点滴滴的进步

★ **独站 3 秒钟**

◆ 发育评价

　　○通过　出生日龄_____（天）　　　　○未通过

◆ 判断标准

通过日龄	温馨提示
240 天内	很棒！继续保持。
333 天内	很好！超过了多数同龄孩子。
333 天后	注意！需多练习，赶上发展。
14 个月后	警惕！防止发育落后，排除神经系统异常。

第8个月 孩子长得怎么样

❁ **发育记录**

身长测量　　240 天＿＿＿＿＿厘米

❁ **身长评价标准**

评价结果	男孩（厘米）	女孩（厘米）	温馨提示
○异常	> 77.2	> 75.8	警惕！排除疾病所致的异常增长
○超常	> 74.7	> 73.2	注意！高于 97% 的孩子，监测生长速度
○偏高	> 72.1	> 70.3	很好！高于 75% 的孩子，继续保持
○中等偏上	> 70.6	> 68.7	好！高于 50% 的孩子，继续保持
○中等偏下	≥ 69.1	≥ 67.2	不错！等于或高于 25% 的孩子，继续保持
○偏低	< 69.1	< 67.2	注意！低于 25% 的孩子，注意观察
○迟缓	< 66.5	< 64.3	重视！低于 3% 的孩子，进行健康咨询
○落后	< 64.0	< 61.7	警惕！立刻求医，寻找原因

第9个月

（241 ～ 270 天）

孩子能做什么

- 牵着孩子的手，能够协调、交替地跨步行走，也可自己一手扶栏迈步。
- 能自己扶着家具坐起和站起。
- 能用拇食和食指非常灵巧地抓小物品，揭开纸包取出包裹的物体。
- 能拿两个物品在身体前面相碰。
- 两手各拿一个玩具，会放下一个取第三个玩具。

父母能做什么

- 多牵着孩子练习行走，促进行走动作的发育。
- 逗引孩子自己坐起、弯腰捡物，练习身体协调性和平衡性。
- 让孩子玩玩具车，练习推的动作，训练对手指和手臂的控制力。
- 让孩子做拍打、举手够物的动作，训练手臂运动能力及控制能力。
- 给孩子练习开盖、翻书的机会，促进双手协调动作的发育。

1. 多种方法练行走　　协调迈步动作练习，为独自行走储备力量

方法

除拉着孩子的手让孩子练习行走外；你还可双手扶孩子腋下练行走；也可用一条长毛巾绕过孩子前胸从两腋下穿过，在后面轻轻拽着孩子，让孩子向前行走；这些能激发孩子行走的兴趣。

爱心提示

孩子最早在第 7 个月能依靠你的支撑做跨步动作，最早在第 8 个月就能扶着沙发协调地迈步行走了；如果孩子还不能做以上两项动作，要注意为孩子提供更多的练习机会。

为了帮助孩子学步，有的爸爸妈妈给孩子买学步车，但多数专家认为，用学步车学步弊多益少。因为在孩子练习爬行的最佳时期，将孩子"困"在学步车内，强迫孩子过早地站立行走，剥夺了孩子练习爬行的机会，让孩子越过爬行阶段直接进入学步，这对孩子运动技能发展是不利的。

（1）扶腋下行走　　　（2）胸带拉着行走　　　（3）拉手走

妈妈采用多种方法让皮皮练习行走。

发育时时评　记录孩子点点滴滴的进步

✱ 扶持下协调跨步行走

◆ 发育评价

　　○通过　出生日龄_____（天）　　　○未通过

◆ 判断标准

通过日龄	温馨提示
240 天内	很棒！继续保持。
300 天内	很好！超过了多数同龄孩子。
300 天后	注意！需多练习，赶上发展。
13 个月后	警惕！防止发育落后，排除神经系统异常。

2. 推动玩具车　手推物品的动作练习，手指和手臂的控制力训练

准备一辆玩具小车，和孩子一起趴在地上，你慢慢地推着小车走，经过孩子的视力范围，再推到孩子的眼前。一边推一边叫着孩子的名字，"宝贝，小车要走了，快来推推它。"吸引孩子像你一样来推车。

爱心提示

推车的速度不要过快，让孩子能看清你的动作，可反复多次示范，直到孩子会做。男孩子非常非常喜欢玩车。以后你还可和他玩车行直线的游戏，可在地面画一条直线，推车在直线上行走。也可和孩子玩车进站的游戏，拿一个纸盒当车站，将车推进盒中。也可玩两车斗牛的游戏，让两车对碰等。

天天在玩推小车的游戏。

育儿随心记
记录父母时时刻刻的感受

发育时时评　记录孩子点点滴滴的进步

★ 能在桌面上推动小车

◆ 发育评价

　　○通过　出生日龄_____（天）　　　　○未通过

◆ 判断标准

通过日龄	温馨提示
240 天内	很棒！继续保持。
327 天内	很好！超过了多数同龄孩子。
327 天后	注意！需多练习，赶上发展。
15 个月后	警惕！防止发育落后，排除神经系统异常。

3. 拍响玩具　做拍物动作，练习手臂控制能力

方法

　　买一个橡皮制作的、拍打能发出声音的小鸡、小鸭或小娃娃玩具或其他拍打能发出声响的玩具。你一边做拍打动作一边叫着孩子的名字，"宝贝，拍一拍，它会叫。"鼓励孩子模仿你拍响玩具。也可让孩子左、右手交替拍打，或双手同时拍响玩具。

爱心提示

　　如果你买的拍响玩具是小鸡、小鸭，孩子可能特别喜欢它们，玩耍时没有注意到你的拍打指令和示范动作，你要让孩子注意你，并多做几次示范。有的孩子甚至不让你拍打他的娃娃，你要告诉他说："娃娃想睡觉了，要你拍拍她"，这样可让游戏顺利进行。

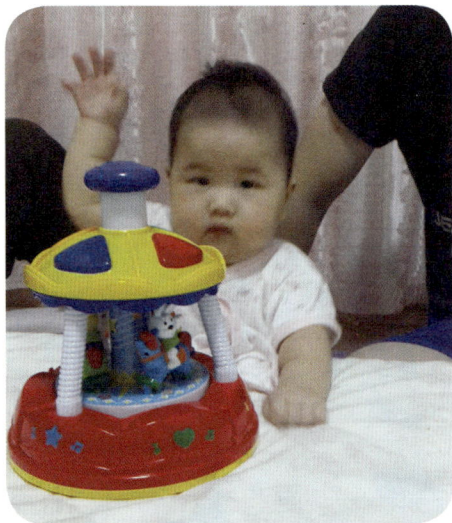

凡凡 150 天，玩拍打游戏已经很熟练了，她这项动作发育很棒哦！这是早教并经常练习的结果。

发育时时评　记录孩子点点滴滴的进步

★ 模仿地做拍打娃娃动作

◆ 发育评价

　　○**通过**　出生日龄_____（天）　　　　○**未通过**

◆ 判断标准

通过日龄	温馨提示
240 天内	很棒！继续保持。
330 天内	很好！超过了多数同龄孩子。
330 天后	注意！需多练习，赶上发展。
16 个月后	警惕！防止发育落后，排除神经系统异常。

145

4. 打开盒盖　　手指的灵活性练习，好奇性激发

把纸盒交给孩子，让他帮你打开盒盖，拿出里面的物品。

将一些孩子喜欢的食物如小馒头、饼干或玩具放在盒子里，交给孩子让他自己打开盒盖，取出食物。

这个月龄的孩子开始学习操作动作，特别喜欢用手指探索和感受各种不同的物体。此游戏可帮助孩子练习一手固定盒子，另一只手打开盒盖的动作，促进双手协调动作的发育。此游戏可提高孩子的认物能力，同时可激发孩子的好奇心、想象力，促进孩子的认知能力的发展。

纤纤 305 天，在打开包装盒。

育儿随心记
记录父母时时刻刻的感受

发育时时评　　记录孩子点点滴滴的进步

★ 能揭开盒盖 2 次以上

◆ 发育评价

　　○通过　出生日龄_____（天）　　　　○未通过

◆ 判断标准

通过日龄	温馨提示
240 天内	很棒！继续保持。
342 天内	很好！超过了多数同龄孩子。
342 天后	注意！需多练习，赶上发展。
16 个月后	警惕！防止发育落后，排除神经系统异常。

5. 翻开书页　　手指和手腕的灵活性练习，对图书兴趣的培养

选一个固定的时间，每天和孩子坐在一起看一会儿书，告诉孩子如何去翻书。翻书后给孩子介绍书的内容，吸引孩子对书的兴趣。

孩子翻书的方法各不相同，有的孩子会两手一起翻书页，有的是用五指同时抓翻书页。只要孩子有企图翻开书页的动作就要给予肯定和鼓励。由于孩子手部的控制能力比较差，容易把书撕坏，最好给孩子买一本布书。布书不怕撕咬，可以洗涤再用。

萌哲 223 天，能将书页打开，他高超的翻书技巧是因为妈妈把布书作为他最早的玩具。

育儿随心记
记录父母时时刻刻的感受

发育时时评　记录孩子点点滴滴的进步

★ **翻开书页**

◆ 发育评价

　　○通过　出生日龄_____（天）　　　　○未通过

◆ 判断标准

通过日龄	温馨提示
240 天内	很棒！继续保持。
345 天内	很好！超过了多数同龄孩子。
345 天后	注意！需多练习，赶上发展。
16 个月后	警惕！防止发育落后，排除神经系统异常。

6. 举手取高处的物品　练习举手向上的动作，训练手臂动作的控制力

拿一个孩子喜欢的玩具，放在桌子上，鼓励伸手取玩具。

将玩具忽上忽下，忽左忽右，忽前忽后，逗引孩子来抓玩具，让游戏更加有趣。

此游戏可增加孩子手臂的活动范围，增强活动能力。当孩子活动能力增强后，爸爸妈妈要意识到孩子生活中面临的危险也增加了。特别注意不要把易破碎的、笨重的物品放在高处及孩子能拿到的地方，以免发生意外事故。

悠悠315天，正在取柜子上的物品。

育儿随心记
记录父母时时刻刻的感受

发育时时评　**记录孩子点点滴滴的进步**

★ **举手取比头高的物品**

◆ 发育评价

○通过　出生日龄_____（天）　　　　○未通过

◆ 判断标准

通过日龄	温馨提示
243 天内	很棒！继续保持。
370 天内	很好！超过了多数同龄孩子。
370 天后	注意！需多练习，赶上发展。
294 天后	警惕！防止发育落后，排除神经系统异常。

第9个月 孩子长得怎么样

❀ 发育记录

身长测量　　270 天_____厘米

❀ 身长评价标准

评价结果	男孩（厘米）	女孩（厘米）	温馨提示
○异常	> 78.7	> 77.4	警惕！排除疾病所致的异常增长
○超常	> 76.2	> 74.7	注意！高于 97% 的孩子，监测生长速度
○偏高	> 73.5	> 71.8	很好！高于 75% 的孩子，继续保持
○中等偏上	> 72.0	> 70.1	好！高于 50% 的孩子，继续保持
○中等偏下	≥ 70.5	≥ 68.5	不错！等于或高于 25% 的孩子，继续保持
○偏低	< 70.5	< 68.5	注意！低于 25% 的孩子，注意观察
○迟缓	< 67.7	< 65.6	重视！低于 3% 的孩子，进行健康咨询
○落后	< 65.2	< 62.9	警惕！立刻求医，寻找原因

第10个月

（271 ~ 300 天）

孩子能做什么

- 能自己扶物坐下，能弯腰捡玩具。
- 能从仰卧转为俯卧自己坐起，再从坐位变为俯卧。
- 能将示指插入洞中，抠出小物品。
- 能用拇指和示指拿稳小球等小物品投入容器中。

父母能做什么

- 放手让孩子独走几步，培养胆大、勇敢的性格。
- 经常和孩子玩变换体位的游戏，从坐位转为俯卧，从站到坐、转身等，练习身体的协调动作和平衡性。
- 多给孩子练习抓捡小物品、投物入洞、手指抠出物体的机会，让手指更加灵巧。
- 经常和孩子玩投球、接球游戏，练习眼手协调性和控制手中物体运动方向和距离。
- 告诉孩子用木棍等物体够物，训练操作物体的能力和学习使用工具。

怎么和孩子玩

1. 豆豆搬家　手指灵活性练习

方法

准备半碗豆豆或大米，两只碗。让孩子抓一抓、捏一捏、揉一揉，搅拌一下豆豆，让它从指缝中流下，再把豆豆抓到另一只碗中。

如果有豆豆掉在碗外，和孩子一起一个一个把豆豆捡起放入碗中，观察孩子手抓起豆的姿势，孩子是否用拇食指拿稳小豆豆，手掌是否能离开桌面。

爱心提示

多数孩子6个多月就能以耙铲式的手掌舀起小物体；多数孩子在9个月前就能用拇食指灵巧地钳夹起小物体。如果孩子此个月还不能做用手舀的动作，要警惕发育迟缓，最好上医院做相应检查。如果拇食指还不能灵巧地捡豆豆，要多做练习。

天天正在玩豆豆搬家的游戏。

154

育儿随心记
记录父母时时刻刻的感受

发育时时评　记录孩子点点滴滴的进步

★ 拇食指灵巧地钳夹小球，手能完全离开桌面

◆ 发育评价

　　○通过　出生日龄_____（天）　　　　○未通过

◆ 判断标准

通过日龄	温馨提示
255 天内	很棒！继续保持。
292 天内	很好！超过了多数同龄孩子。
292 天后	注意！需多练习，赶上发展。
315 天后	警惕！防止发育落后，排除神经系统异常。

2. 从坐位自己转为俯卧　改变体位，身体的平衡和协调性练习

方法

当孩子坐着玩耍时，你在较远的地方用孩子喜欢的食物和玩具逗引他，伸出双手鼓励他向靠近你，看孩子是如何行进的。有的孩子可能会挪动屁股，靠进你，你要告诉孩子说："爬到妈妈这里来"，让孩子从坐位自己转为俯卧再爬向你。

或当孩子处于俯卧位时，将玩具抬高让孩子从俯卧转为坐位，来抓玩具。

爱心提示

在运动中变换体位，需要大脑感受躯体和四肢位置的变化并做出相应的调节。在大脑对躯体、四肢所处的状态和位置的感觉和调节中，本体感觉起着重要的作用。本体感觉直接影响身体的平衡性、协调性及运动的技巧性，决定了运动能力。本体感觉只有在运动中得到发育和完善。如果你希望孩子长大后具有较强的运动才能，现在就要让孩子多做"摸爬滚打"的动作。

　　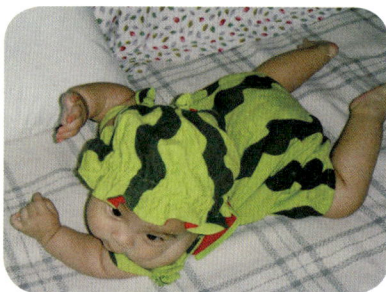

（1）坐位　　　　（2）趴下　　　　（3）俯卧

雷响 180 天，正在练习从坐位自己变换成俯卧。

发育时时评　记录孩子点点滴滴的进步

★ 自己从坐位转为俯卧

◆ 发育评价

○**通过**　出生日龄＿＿＿＿＿（天）　　　　○**未通过**

◆ 判断标准

通过日龄	温馨提示
270 天内	很棒！继续保持。
288 天内	很好！超过了多数同龄孩子。
288 天后	注意！需多练习，赶上发展。
306 天后	警惕！防止发育落后，排除神经系统异常。

3. 投、接球　眼－手协调能力练习，大脑对手臂的掌握力训练

准备一个软质皮球，让孩子靠着家具站好或坐在地板上。你把球投在孩子的手中，教孩子伸手接球，当孩子接住球后，再让孩子模仿你将球投给你。如果球掉下、滚动或朝背后投，都要让孩子自己去捡球。

也可滚球，将球滚向爸爸或妈妈；以后可让孩子靠物站立，朝前方抛给妈妈或爸爸。

投接球的游戏对孩子手的控制能力、空间位置的判断力等多种能力的发展都有促进作用。孩子投接能力与练习时间有关，多和孩子玩投接球游戏，孩子球技才能得到提高。在玩球游戏的同时，孩子还能练习耐心地等待，学习与人配合。

（1）举球　　　　　　　　　　　　　　　（2）投球

在纤纤8个月后爸爸就和他玩投接球游戏，1岁零16天，已经能向前准确投球，不仅投得很远，而且左右手都投得很准、很远。他这项动作发育得很棒。

育儿随心记
记录父母时时刻刻的感受

发育时时评　记录孩子点点滴滴的进步

★ 向前投球

◆ 发育评价

　　○通过　出生日龄_____（天）　　　　○未通过

◆ 判断标准

通过日龄	温馨提示
270 天内	很棒！继续保持。
360 天内	很好！超过了多数同龄孩子。
360 天后	注意！需多练习，赶上发展。
16 个月后	警惕！防止发育落后，排除神经系统异常。

4. 将物品投入纸盒中　眼－手协调操作练习，探索兴趣的激发

方法

拿一个餐巾纸盒，或在盒盖上开一个洞，让孩子将小物品投放入洞中。你再拿起盒子摇一摇，让孩子听一听盒中物品碰撞发出的声音。再让孩子将物品一一掏出来。

爱心提示

孩子手指的动作开始分化，能用拇食指灵巧地拿稳小物品了，且手能完全离开桌面，将小物品移到别处。但将较小的物体投入洞中需要比较强的眼－手协调能力，如果孩子的手不能对准瓶口，放手过早等原因都会导致失败。所以要多加练习。

妈妈把餐巾纸盒作为纤纤的玩具和收藏盒，让他练习装入和掏出物品的动作。

发育时时评　记录孩子点点滴滴的进步

★ **将 6 个小物品投入盒中**

◆ 发育评价

　　○通过　出生日龄＿＿＿＿（天）　　　　○未通过

◆ 判断标准

通过日龄	温馨提示
300 天内	很棒！继续保持。
354 天内	很好！超过了多数同龄孩子。
354 天后	注意！需多练习，赶上发展。
16 个月后	警惕！防止发育落后，排除神经系统异常。

5. 用手指抠出和放入圆形和正方形小板　手指灵活性的练习

小儿玩具市场上有专门的形板玩具卖，可买回让孩子玩取板和放板游戏。

也可买一盒有各种形状的饼干，让孩子把饼干从固定饼干的塑料模板中用手指一一抠出来。盒装的水果也会被一一放在隔断中，也可让孩子帮你一一拿出来。

把形板交给孩子让孩子自己玩耍。此时孩子只能用手指抠出圆形和正方形小板。放入小形板要在 1 岁以后。不要对孩子有过高的要求，让孩子做符合自己年龄特点的事，对孩子才是最好的。

扣扣专注地在玩抠出和放入不同形状小板的游戏。

育儿随心记
记录父母时时刻刻的感受

发育时时评　记录孩子点点滴滴的进步

★ 用手指抠出圆形和正方形的小板

◆ 发育评价

○通过　出生日龄_____（天）　　　　○未通过

◆ 判断标准

通过日龄	温馨提示
300 天内	很棒！继续保持。
360 天内	很好！超过了多数同龄孩子。
360 天后	注意！需多练习，赶上发展。
14 个月后	警惕！防止发育落后，排除神经系统异常。

6. 放手独自走　行走动作锻炼，勇气和独立性培养

当孩子能独自站稳时，可放手让孩子练习独走了。爸爸妈妈各站一边，张开双臂说："到妈妈这里来"，鼓励孩子独自走向你。

当孩子第一次迈步时，你需要向前迎接一下，避免他第一次尝试独走时就摔倒，失去再走第 2 步、第 3 步或害怕行走的勇气。

孩子开始练习独走时不稳，一定注意不要让孩子摔跤。练习结束后，不管孩子是否能走好，你都要把孩子抱起，亲亲他，夸奖他，鼓励他。

诗潼 1 岁，爸爸已放手让她独走了。

育儿随心记
记录父母时时刻刻的感受

发育时时评　记录孩子点点滴滴的进步

★ 独立行走至少 3 步

◆ 发育评价

　　○通过　出生日龄＿＿＿＿＿（天）　　　　○未通过

◆ 判断标准

通过日龄	温馨提示
300 天内	很棒！继续保持。
363 天内	很好！超过了多数同龄孩子。
363 天后	注意！需多练习，赶上发展。
16 个月后	警惕！防止发育落后，排除神经系统异常。

第 10 个月 孩子长得怎么样

❁ 发育记录

身长测量　　300 天 _____ 厘米

❁ 身长评价标准

评价结果	男孩（厘米）	女孩（厘米）	温馨提示
○异常	> 80.1	> 78.9	警惕！排除疾病所致的异常增长
○超常	> 77.6	> 76.1	注意！高于 97% 的孩子，监测生长速度
○偏高	> 74.8	> 73.1	很好！高于 75% 的孩子，继续保持
○中等偏上	> 73.3	> 71.5	好！高于 50% 的孩子，继续保持
○中等偏下	≥ 71.7	≥ 69.8	不错！等于或高于 25% 的孩子，继续保持
○偏低	< 71.7	< 69.8	注意！低于 25% 的孩子，注意观察
○迟缓	< 69.0	< 66.8	重视！低于 3% 的孩子，进行健康咨询
○落后	< 66.4	< 64.1	警惕！立刻求医，寻找原因

第11个月

（301 ~ 330 天）

孩子能做什么

- 能一只手扶着家具行走。
- 放手能站稳。
- 能将一块积木放入杯子中。
- 能努力模仿乱画。
- 能推动小玩具车前行。
- 会模仿拍打动作。

父母能做什么

- 让孩子自己推着物体行走，放手独自行走，促进行走动作发育，增加探索的机会和独立性。
- 让孩子自己站起，爬台阶，蹬高，在体位改变中发展平衡性和协调性。
- 练习将豆豆装入瓶中和从瓶中倒出，将小物体插入瓶中，进一步发展眼 – 手协调能力和手指的抓握能力。
- 多练习翻书，训练双手协调动作能力。
- 经常和孩子玩积木，发展眼 – 手协调、建构等多种能力。

怎么和孩子玩

1. 推物走　行走练习，给孩子更多探索新的空间的机会

方法

　　如果孩子还不能独自行走，可找一个小靠背椅，让孩子扶着椅子的靠背，推着前行；在婴儿车或玩具车上放些东西，让孩子两手扶着车身或车把，推着车往前行走。可让孩子在家中推着物体从这个房间到那个房间；带孩子到室外去，推着物行走。但此时孩子还不能很好地控制"车"速和方向，你要在"车"的前面退着走，保护孩子。

爱心提示

　　此时孩子喜欢扶着物体来回地走动，可给孩子开辟更广阔的活动场所。推物走与孩子由大人扶着走不同，推物走减少了对大人的依赖，有利于增强孩子心理上的独立性和自信心，对以后学习独立行走有利。孩子最早8个月就能扶着家具行走，如果此时还不能，要多加练习了。

悠悠335天，正推着小车到处走。

发育时时评　记录孩子点点滴滴的进步

★ 扶助下能行走

◆ 发育评价

　　○通过　出生日龄_____（天）　　　　○未通过

◆ 判断标准

通过日龄	温馨提示
300 天内	很好！超过了多数同龄孩子。
300 天后	注意！需多练习，赶上发展。
13 个月后	警惕！防止发育落后，排除神经系统异常。

2. 独自从仰卧到站立　在体位改变中发展平衡性和协调性

当孩子仰卧在床上玩玩具时，看孩子能不能不扶任何物品自己站起来。如果不能，你可和孩子一起仰卧，然后说："来看妈妈站起来，一、二、三，站起来"。你再慢慢地站起，让孩子模仿你自己站起。

你也可以手拿玩具逗引孩子说："宝贝，站起来，快点站起来，妈妈的玩具给你玩"，逗引孩子从仰卧转为俯卧自己起立。

爱心提示

从仰卧站起的动作有 3 种水平，最早 10 个月孩子能从仰卧转为俯卧，再用双手支撑自己站起来；最早 1 岁以后（13 个月）孩子只要转成侧卧，用一只手支撑一下床面，就能自己起立；到 2 岁后（25 个月）孩子只需稍微侧身一下就能起立了。开始让孩子练习站起时，你可以轻轻地拉一拉孩子，让他稍微借助一点外力自己站起，多练习几次他就不需要你拉了。

育儿随心记
记录父母时时刻刻的感受

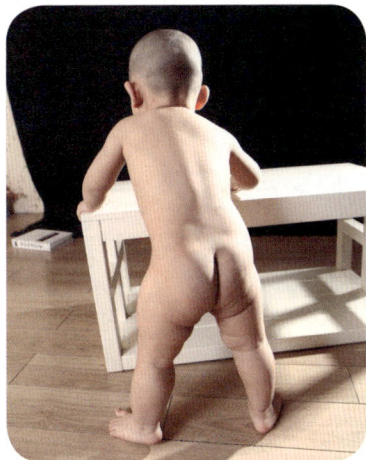

（1）仰卧转为俯卧、到蹲位　　　（2）扶物站起

皮皮正在练习从仰卧站起，先从仰卧转成俯卧，再到蹲位、再扶物站起。

发育时时评　记录孩子点点滴滴的进步

★ 从仰卧转为俯卧再站立

◆ 发育评价

　　○**通过**　出生日龄_____（天）　　　　○**未通过**

◆ 判断标准

通过日龄	温馨提示
300 天内	很棒！继续保持。
372 天内	很好！超过了多数同龄孩子。
372 天后	注意！需多练习，赶上发展。
17 个月后	警惕！防止发育落后，排除神经系统异常。

3. 放手走稳　行走练习，摆脱对爸爸妈妈的依附，体会初步的自主和独立

方法

进入 11 个月，要多让孩子练习独立行走，尽可能不要扶他，鼓励孩子多走几步。在孩子开始独自行走时，为了不让孩子害怕学步，你要站在孩子前面倒退走，并弯下腰、伸出双手随时保护孩子。因为孩子开始行走时如同小跑，步伐很快，跌跌撞撞往前撞，不能自己止步，很容易摔倒。

在孩子行走时你可念童谣给孩子加油。

> **学走路**
>
> 小宝贝，真可爱；自己走，不怕摔。
> 一二三，走得稳；妈妈夸，好宝贝。

爱心提示

最早从孩子 5 个月开始练习早期跨步运动，8 个月在扶助下行走，10 个月能独走 3 步以上，进入 11 个月后，有的孩子可以放手走稳了。孩子向前行走时，两臂能自由摆动，不再需要扶着家具等物体了。

如果孩子不敢独自行走，不要强迫孩子，先多练习扶物行走。如果孩子在行走时摔倒了，你不要表现过分关心，更不要大惊小怪。你可先检查一下孩子有无流血，有无伤及身体的重要部位。在确定孩子没有受伤、或受伤不严重的情况下，最好是镇静地扶起孩子，告诉孩子说："你摔倒了，让妈妈看一看，哦，不要紧的，

吹一吹就不痛了。"给他一个小小的安慰，然后鼓励孩子继续进行。

爸爸妈妈的态度对孩子的行为有重大的影响力。如果你大惊小怪，过度紧张，过度安慰，反而让孩子没有了安全感，加剧孩子对学步的恐惧。

妈妈正放手让皮皮自己行走。

发育时时评　记录孩子点点滴滴的进步

★ 放手走稳

◆ 发育评价

　　○通过　出生日龄_____（天）　　　○未通过

◆ 判断标准

通过日龄	温馨提示
310 天内	很棒！继续保持。
13 个月内	很好！超过了多数同龄孩子。
13 个月后	注意！需多练习，赶上发展。
18 个月后	警惕！防止发育落后，排除神经系统异常。

4. 爬台阶　　爬高动作练习，身体的平衡性和协调性训练

在家中楼梯或公园滑梯的楼梯上，把玩具放在第三级楼梯上，让孩子爬上楼梯取玩具。把小板凳放在沙发下，做成二级台阶，让孩子从地上爬上板凳，再爬上沙发，再自己转身扶着坐下。

你可以带孩子去一些商店、快餐店、儿童游乐场等有儿童娱乐设置的场所，利用这些场所的设备让孩子练习爬台阶等动作，在这里孩子玩耍的设备相对较多，还能让孩子有机会结识同龄小朋友。

萌萌正在玩爬台阶的游戏。

★ 育儿随心记
　　记录父母时时刻刻的感受

发育时时评　记录孩子点点滴滴的进步

★ 用手足爬上 1 ～ 2 级楼梯

　　◆ 发育评价

　　　　○通过　出生日龄_____（天）　　　　○未通过

　　◆ 判断标准

通过日龄	温馨提示
315 天内	很棒！继续保持。
13 个月内	很好！超过了多数同龄孩子。
13 个月后	注意！需多练习，赶上发展。
15 个半月后	警惕！防止发育落后，排除神经系统异常。

5. 搭积木，眼－手协调能力练习，多种智能发育促进

和孩子一起坐在地板上，把三四块积木放在孩子面前，告诉孩子说："搭房子了，1 块、2 块。"一边数数一边将 2 块积木搭在一起，让孩子模仿你搭房子。搭好后，立刻表扬他，并可让他推倒搭建的积木作为鼓励。

有专家说，积木是孩子的最好礼物。积木看似平凡无奇，但它可让孩子玩抓握、敲响、投筐、滚动、搭建、点数、辨形状、认颜色等游戏。特别是在搭积木的过程，孩子尝试用不同颜色、大小、形状的积木进行空间组合和构建，这不仅使孩子手的精细动作能力得到很好的锻炼，也训练了孩子对平衡、对称、重复、比例、颜色的认识。家长要尽可能多让孩子玩搭积木的游戏。

但要注意，积木玩过后，要让孩子帮助你将积木整齐地码放在积木盒中。重视从小养成孩子做事有始有终、爱整洁的好习惯。

萌哲正在玩搭积木。

发育时时评　　记录孩子点点滴滴的进步

✹ 搭积木两层

◆ 发育评价

　　　○通过　出生日龄_____（天）　　　　○未通过

◆ 判断标准

通过日龄	温馨提示
330 天内	很棒！继续保持。
13 个月内	很好！超过了多数同龄孩子。
13 个月后	注意！需多练习，赶上发展。
17 个月后	警惕！防止发育落后，排除神经系统异常。

6. 装豆豆入瓶　手指的钳夹功能和眼－手协调练习，认知能力发育的促进

准备一个小药瓶，一些小物体，如小面包、小糖丸、黄豆、花生等，你先将一个小物品捡起来放瓶中，摇一摇，引起孩子注意，让孩子模仿你。

爱心提示

豆豆很小，瓶口很小，因此装豆豆入瓶的游戏能让孩子练习拇食指的钳夹功能和眼－手协调能力。如果孩子不能将豆豆装入瓶中，不要急着去帮助他，让孩子有时间自己去尝试。

需注意不要让孩子将豆豆放入口中、耳中等身体其他部位，以免发生危险。

皮皮正在玩装豆豆的游戏。

育儿随心记
记录父母时时刻刻的感受

发育时时评　记录孩子点点滴滴的进步

★ 投一个小豆豆入瓶

◆ 发育评价

　　○通过　出生日龄_____（天）　　　　○未通过

◆ 判断标准

通过日龄	温馨提示
330 天内	很棒！继续保持。
14 个月内	很好！超过了多数同龄孩子。
14 个月后	注意！需多练习，赶上发展。
16 个月后	警惕！防止发育落后，排除神经系统异常。

第 11 个月 孩子长得怎么样

❀ 发育记录

身长测量　　330 天 _____ 厘米

❀ 身长评价标准

评价结果	男孩（厘米）	女孩（厘米）	温馨提示
○异常	> 81.5	> 80.3	警惕！排除疾病所致的异常增长
○超常	> 78.9	> 77.5	注意！高于 97% 的孩子，监测生长速度
○偏高	> 76.1	> 74.5	很好！高于 75% 的孩子，继续保持
○中等偏上	> 74.5	> 72.8	好！高于 50% 的孩子，继续保持
○中等偏下	≥ 73.0	≥ 71.1	不错！等于或高于 25% 的孩子，继续保持
○偏低	< 73.0	< 71.1	注意！低于 25% 的孩子，注意观察
○迟缓	< 70.2	< 68.0	重视！低于 3% 的孩子，进行健康咨询
○落后	< 67.6	< 65.2	警惕！立刻求医，寻找原因

第12个月

（331 ～ 360 天）

孩子能做什么

🌸 可独自站立至少3秒钟以上。

🌸 能听懂投球的指令，开始尝试投球。

🌸 能解开裹着的玩具，揭开盒子的盖，翻开书页。

🌸 能模仿大人的握笔姿势，笔尖向下对准纸。

父母能做什么

🌸 让孩子练习扶物单腿站立，扶栏上下楼梯，不扶物下蹲等变化体位的运动，增加平衡能力。

🌸 和孩子一起练习侧身走，倒退走，训练孩子行走能力和协调运动能力。

🌸 给孩子一些盒子和瓶子，让孩子练习打开盒盖和瓶盖，练习手指揭开物体和手腕旋转的动作。

🌸 让孩子玩套环，训练孩子的抓握动作和眼－手协调能力。

🌸 让孩子模仿上下甩手和拍手等肢体动作，活动手臂，体验快乐的情绪。

181

怎么和孩子玩

1. 扶助下单腿独站　练习平衡能力，为踢球做准备

方法

你和孩子面对面站好，你一手放在头顶，提起左腿，右腿独站，对孩子说："看，金鸡独立"，让孩子模仿你，让孩子一手扶物单腿独站。

你还可设计一些其他的单腿独站动作，如猴儿探宝、大鹰展翅等和孩子一起练习单腿站立，以增加孩子练习的兴趣。

爱心提示

一般孩子的右腿有力，先让孩子用右腿独站，再练习左腿独站。开始练习时要轻轻地扶孩子一把，或让他一手扶物，以后再放手。

刚满一岁的星星正在高兴地表演扶栏单腿站立。

☾ 育儿随心记　记录父母时时刻刻的感受

发育时时评　记录孩子点点滴滴的进步

✻ 扶助下单腿独站

◆ **发育评价**

　　○**通过**　出生日龄_____（天）　　　　○**未通过**

◆ **判断标准**

通过日龄	温馨提示
330 天内	很棒！继续保持。
396 天内	很好！超过了多数同龄孩子。
396 天后	注意！需多练习，赶上发展。
17 个月后	警惕！防止发育落后，排除神经系统异常。

2. 拖着玩具侧身走　激发孩子行走的兴趣，发展平衡性

给孩子买一个或做一个拖拉玩具，让孩子拖着玩具来回地走动。当孩子拖着玩具行走，玩具发出的"叮当、叮当"声，会激起孩子的好奇心，他会侧过身子回头观望，这样就要侧身行走了。

如果孩子还不能独立行走，可牵着孩子拖着玩具侧走。

爱心提示

做拖拉玩具很简单，找一个铁罐头瓶子，在里面放几块石头，再扎一个洞，拴一根长绳就行。此时正是孩子练习行走的时机，要采用多种方法激发孩子独自行走的兴趣。

纤纤在奶奶的牵拉下拖着玩具侧身走。

发育时时评　　记录孩子点点滴滴的进步

★ 侧身走

◆ 发育评价

　　○通过　出生日龄_____（天）　　　○未通过

◆ 判断标准

通过日龄	温馨提示
330 天内	很棒！继续保持。
14 个月零 3 天内	很好！超过了多数同龄孩子。
14 个月零 3 天后	注意！需多练习，赶上发展。
17 个月后	警惕！防止发育落后，排除神经系统异常。

3. 盖上圆盖　练习手指揭开物体和手腕旋转的动作

用一个带盖的小圆瓶，装上孩子的每天要吃的零食，放在桌子上。每到吃零食时间，让孩子自己爬上桌子，把瓶子拿下来，将瓶盖揭开，拿出瓶中的食物。或将你买回的零食放入瓶中，再把瓶盖盖上，放回原处。

这个游戏可练习孩子双手协调动作的能力。家中都有很多带盖的纸盒、瓶子、杯子都是孩子的好玩具。你可把孩子的食物、玩具、日常用品都放在盒子、瓶子中，孩子需要时让他自己去取和放物品，在生活中得到练习。同时注意教育孩子盖子打开后要盖好，东西用后要放回原处，养成好的生活习惯。

妈妈给蛋蛋和扣扣一个小桶，让他们练习开盖和盖盖。

186

育儿随心记
记录父母时时刻刻的感受

发育时时评　记录孩子点点滴滴的进步

★ 盖上圆盖

◆ 发育评价

○**通过**　出生日龄_____（天）　　　　○**未通过**

◆ 判断标准

通过日龄	温馨提示
330 天内	很棒！继续保持。
14 个月零 9 天内	很好！超过了多数同龄孩子。
14 个月零 9 天后	注意！需多练习，赶上发展。
19 个月后	警惕！防止发育落后，排除神经系统异常。

4. 玩套环　训练孩子的抓握动作和眼－手协调能力

你可买一个套环玩具，让孩子玩套环游戏。给孩子几个你的手镯或用绳子做几个圈，让孩子套在自己的手、脚及木棍上。也可找几个大的钥匙扣、一根筷子、一个西葫芦，先将西葫芦从中间切开，宽面向下放好，筷子直立地插在西葫芦上。你将环一个个套在筷子上，再一个一个取下来，让孩子模仿你。以后可让孩子一手拿筷子，一手拿环，将环套在筷子上。

爱心提示

这个游戏有利于练习双手准确地到达眼睛所见的位置，即眼－手协调动作。如一手拿筷子一手拿套环，可练习双手动作协调性，对孩子手的动作发育有很好的作用。

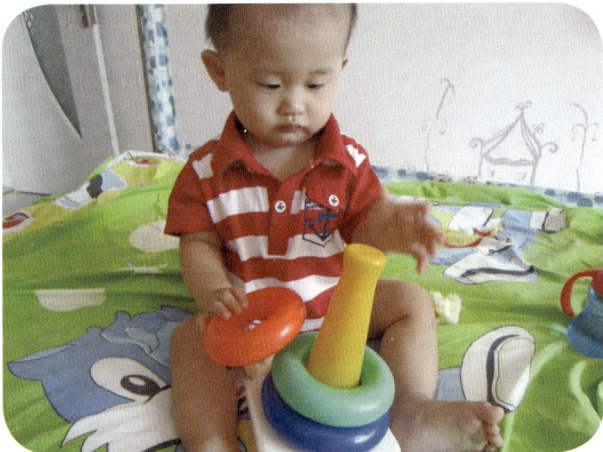

萌哲正在玩套环游戏。

育儿随心记　记录父母时时刻刻的感受

发育时时评　记录孩子点点滴滴的进步

★ 将 2 个环套在棍子上

◆ 发育评价

　　○通过　出生日龄_____（天）　　　　○未通过

◆ 判断标准

通过日龄	温馨提示
12 个月内	很棒！继续保持。
14 个月内	很好！超过了多数同龄孩子。
14 个月后	注意！需多练习，赶上发展。
16 个月后	警惕！防止发育落后，排除神经系统异常。

5. 扶栏上下楼梯　训练协调运动和平衡能力

方法

从户外回家尽可能带孩子走楼梯，让孩子有机会练习爬楼梯的技能。练习上楼梯时，你要站在孩子上方的二级楼梯上，拿一个玩具，逗引和鼓励孩子扶着墙壁、自己一级一级地爬上楼梯。

爱心提示

初学上下楼梯的孩子动作都很慢，要一脚先登上一级楼梯，另一脚跟上踏在同一级楼梯上，待身体平衡之后再迈上另一级楼梯，即两脚踏在同级台阶上，所以不要催促他，耐心地等待孩子成长。

孩子刚学会上下楼梯时很高兴，可能会在你不注意时推门下楼梯或爬上家中的楼梯；所以，家中有人时也要关好门，家中的楼梯最好装一扇门，避免孩子独自上下楼梯时摔伤。

诗潼 1 岁差 7 天，能自如地扶着上台阶，她这项动作发育很棒哦！

育儿随心记
记录父母时时刻刻的感受

发育时时评　记录孩子点点滴滴的进步

✖ 扶栏或扶墙上楼梯

◆ 发育评价

　　○通过　出生日龄_____（天）　　　　○未通过

◆ 判断标准

通过日龄	温馨提示
12 个月内	很棒！继续保持。
14 个月零 15 天内	很好！超过了多数同龄孩子。
14 个月零 15 天后	注意！需多练习，赶上发展。
20 个月后	警惕！防止发育落后，排除神经系统异常。

6. 倒退走　发展平衡和协调运动能力

与孩子面对面、手拉手地站立，你一边重复地数 1、2、3，一边拉着孩子向前走 3 步，再后退 3 步，来回多次。就像在跳舞一样，这样孩子在不知不觉中就练习了倒退走。

或者，你拉着玩具往后退，让孩子模仿你做后退动作。

孩子初学倒退走时会有些害怕，会走一步往后看一下，爸爸可站在孩子的身后保护他。有爸爸在后面保护，他就有了后退的勇气。

扣扣 406 天，正在和妈妈玩倒退走的游戏。

记录父母时时刻刻的感受

发育时时评　　记录孩子点点滴滴的进步

★ 倒退走 3 步以上

◆ 发育评价

○通过　出生日龄_____（天）　　　　○未通过

◆ 判断标准

通过日龄	温馨提示
12 个月内	很棒！继续保持。
14 个月零 21 天内	很好！超过了多数同龄孩子。
14 个月零 21 天后	注意！需多练习，赶上发展。
19 个月后	警惕！防止发育落后，排除神经系统异常。

第 12 个月 孩子长得怎么样

❀ 发育记录

身长测量　　330 天 _____ 厘米

❀ 身长评价标准

评价结果	男孩（厘米）	女孩（厘米）	温馨提示
○异常	> 82.9	> 81.7	警惕！排除疾病所致的异常增长
○超常	> 80.2	> 78.9	注意！高于 97% 的孩子，监测生长速度
○偏高	> 77.4	> 75.8	很好！高于 75% 的孩子，继续保持
○中等偏上	> 75.7	> 74.0	好！高于 50% 的孩子，继续保持
○中等偏下	≥ 74.1	≥ 72.3	不错！等于或高于 25% 的孩子，继续保持
○偏低	< 74.1	< 72.3	注意！低于 25% 的孩子，注意观察
○迟缓	< 71.3	< 69.2	重视！低于 3% 的孩子，进行健康咨询
○落后	< 68.6	< 66.3	警惕！立刻求医，寻找原因

参 考 文 献

［1］Bayley N. Manual for the Bayley scales of Infant Development [M]. New York:The Psychological Corp, 1969.

［2］Rhodcs L, Bayley N.Supplemrnt to the manual for the Bayley scales of Infant Development [M]. New York:The Psychological Corp, 1984.

［3］van den Akker AL, Deković M, Prinzie P, et al. Toddlers temperament profiles：stability and relations to negative and positive parenting[J]. J Abnorm Child Psychol, 2010, 38：485~495.

［4］Althoff RR, Ayer LA, Crehan ET, et al. Temperamental profiles of dysregulated children[J]. Child Psychiatry Hum Dev, 2012, 43: 511~522.

［5］van den Akker AL, Deković M, Prinzie P, et al. Toddlers temperament profiles：stability and relations to negative and positive parenting[J]. J Abnorm Child Psychol, 2010, 38：485~495.

［6］Althoff RR, Ayer LA, Crehan ET, et al. Temperamental profiles of dysregulated children[J]. Child Psychiatry Hum Dev, 2012, 43: 511~522.

［7］McCrea, Costa, et al. Nature over nurture：temperament, personality, and lirespan development[J].Journal of Personality and Social Psychology, 2000, 78(1):173~186.

［8］Nancy Eisenberg. Temperamental effortful control(self−regulation)[J]. Encyclopedia on Early Childhood Development, 2005, 1~5.

［9］Moffitt T E, Arseneault L, Belsky D, et al. A gradient of childhood self−control predicts, health, wealth, and public safety[J]. Proceedings of the National Academy of Sciences, 2011, 108(7):2693.

［10］朱智贤 . 小儿心理学 [M]. 北京：人民教育出版社，1994.

［11］易受容 . 贝利婴幼儿发展量表（中国城市版）手册 [M]. 长沙：湖南医科大学，1995.

［12］龚耀先，戴晓阳 . 中国—韦氏幼儿智力量表（C−WYCSI）手册 [M]. 长沙：湖南医科大学，1986.

［13］薛辛东 . 儿科学 [M]. 北京：人民卫生出版社，2010.

［14］丰有吉 . 妇产科学 [M]. 北京：人民卫生出版社，2010.

［15］区慕洁 . 小儿智力开发的科学方法 [M]. 北京：北京师范大学出版社，1990.

［16］陈文德 . 学习困难小儿指导手册（感觉统合积极疗法）[M]. 北京：中国少年小儿出版社，1996.

［17］范存仁 .CDCC 婴幼儿智能发育量表的编制 [J]. 心理学报，1989, 21:130~139.

［18］庞丽娟，姜勇，叶子 . 幼儿社会性品质的结构维度及其对社会性行为的影响 [J]. 心理发展与教育，2000（4）:14~19.

［19］王美芳，庞维国 . 艾森伯格的亲社会行为理论模式 [J]. 心理学动态，1997（5）：23~29.

［20］陈会昌 . 小儿社会性发展量表的编制与常模制定 [J]. 心理发展与教育，1994（4）：52~63.